Administración del tiempo y alto a la procrastinación

Descubre las más efectivas estrategias de administración de tiempo y evita al máximo enemigo de la productividad: La procrastinación

Administración efectiva del tiempo: Gana la carrera al reloj

Descubre cómo controlar tus tiempos, maximizar tu día, impulsar tu productividad y tener tiempo de disfrutar de tu vida

Tabla de Contenidos

Introducción 7

Capítulo 1 - Dejar de perder el tiempo 11
La importancia de la gestión de tiempos 11

Señales de que está fallando en el manejo de su tiempo 13

Las razones por las que estás fracasando 19

7 grandes mitos sobre la gestión del tiempo 21

Capítulo 2 - Cómo hacer las cosas 101 24
Consejos esenciales para hacer las cosas 24

Reglas Esenciales para una Gestión de Tiempo Exitosa 26

5 Hacks de productividad menos conocidos que necesita saber 33

Capítulo 3 - Una guía para fijar metas 41
Todo sobre la Teoría de la Motivación para Fijar Metas 41

Principios para fijar metas 42

15 de los mejores consejos para establecer metas efectivas 50

8 razones comunes por las que las listas de tareas fallan 53

Capítulo 4 - Los secretos de la productividad 58
Cómo priorizar cuando todo es importante 58

La técnica para hacer que sus metas sean alcanzables 66

5 de los mayores asesinos de la productividad y cómo superarlos 71

Capítulo 5 - Lidiando con las distracciones 74
La diferencia entre distracciones internas y externas 74

Tipos de Distracciones Internas 76

13 maneras de silenciar las distracciones internas 81

6 maneras Confiables de Derrotar las Distracciones Externas 86

Capítulo 6 - Emular el éxito 90

Ejemplos de fijación de objetivos de los Business Masters 90

13 inconvenientes de la gestión del tiempo de las personas de éxito 93

10 rutinas Matutinas de Emprendedores Innovadores............................97

Capítulo 7 - Recuperar el control del futuro 102
15 hábitos efectivos de gestión del tiempo..102

Vencer al perfeccionismo de una vez por todas 107

Herramientas y técnicas para recuperar el tiempo para siempre 111

Conclusión 118

Introducción

El único recurso que no puede intercambiar, comprar o pedir prestado es el tiempo. Ni siquiera sigue una de las leyes fundamentales de la oferta y la demanda: la alta demanda hace que la oferta aumente y satisfaga la demanda. Aunque todos tenemos acceso a la misma cantidad de tiempo cada día -1,440 minutos- usamos nuestro tiempo de manera diferente.

Su éxito o fracaso en la vida depende principalmente de sus capacidades de gestión del tiempo. Para tener éxito, usted necesita invertir una cantidad significativa de tiempo para lograr su objetivo o mejorar sus debilidades. En ciertas temporadas, pasaba más tiempo que mis competidores para poder tener ventaja sobre ellos en el mercado. No asumí que era mentalmente superior a mis competidores; sólo dediqué tiempo de manera más efectiva para equilibrar el campo de juego.

Usted necesita balancear el tiempo que pasa en casa y el tiempo que pasa en el trabajo. Si no, tendrá éxito en uno y fracasará en el otro. No tema; este libro le mostrará cómo equilibrar su trabajo y su hogar de manera efectiva. Lo felicito por invertir en su vida y en su éxito leyendo este libro.

Si está leyendo esto, probablemente sea porque:

- Usted quiere estar seguro de que puede cuidarse a sí mismo y a su familia.
- Desea un éxito duradero en su carrera y en su vida personal
- Quiere que sus amigos y familiares estén orgullosos de usted y de sus logros.

Esto es lo que probablemente está haciendo bien en su vida:

Puesto que usted es serio acerca de mejorar su experiencia de vida, posiblemente esté implementando estas estrategias básicas de éxito profesional:

- Usted se asegura de que su desempeño en el trabajo supere las expectativas de sus jefes.
- Llegas temprano y cuando es necesario, trabaja horas extras
- Usted está mejorando continuamente para mejorar su rendimiento laboral
- Busca mentores y se relaciona con sus compañeros

La verdad es que ninguna de estas acciones lo elevará al estilo de vida personal o profesional que usted desea y merece. Por qué? Déjeme explicarle:

Para que todas las cosas funcionen correctamente, tiene que haber un equilibrio. Usemos el ciclo de centrifugado de la lavadora como ilustración. Cuando hay demasiadas toallas en un lado de la bañera, se golpea y vibra. Si no lo arregla a tiempo, los cojinetes se romperán y las reparaciones pueden ser costosas.

Su vida puede compararse a la de la lavadora. Si usted sólo enfoca e implementa los pasos necesarios para el éxito de la mayoría de las personas, logrará el mismo nivel de éxito que ellos. Por lo tanto, es posible que nunca logre todo lo que desea o necesita en la vida. Su vida estará completamente desequilibrada.

Con el tiempo, usted comenzará a agotarse espiritual, física y emocionalmente. En consecuencia, usted puede comenzar a experimentar problemas sociales, problemas de relación y problemas de salud tales como depresión, diabetes, enfermedades cardíacas e hipertensión arterial. Cuando usted vive continuamente una vida desequilibrada, es posible que nunca logre sus metas o ambiciones establecidas.

Durante siglos, los chinos han conocido y han estado implementando el principio del yin y el yang. El principio establece que "dos mitades que se complementan entre si producen la totalidad". La palabra clave aquí es "totalidad". Las dos mitades son su mente y su cuerpo; trabajan juntas para hacer su vida completa.

Si su vida no es completa, usted no es diferente de las toallas mojadas que se balancean alrededor de la lavadora.

Déjenme decirles un secreto: cada persona exitosa que han conocido y conocerán son maestros de la productividad. Si un experto le entregara la guía completa para el éxito a través de una gestión adecuada del tiempo, ¿implementaría los pasos de la guía?

- ¿Utilizará los secretos para aumentar su productividad y elevar su nivel de éxito?
- Si descubre los secretos de productividad de las personas más exitosas, ¿implementará estos secretos?
- Estoy dispuesto a mostrarle con exactitud lo que hago diariamente para lograr consistentemente mi carrera y mis metas personales para vivir el tipo de estilo de vida que usted busca. ¿Está dispuesto a seguir fielmente estos pasos?

Si su respuesta es afirmativa a estas tres preguntas, entonces está listo para alcanzar un nuevo nivel de éxito con la *Gestión de tiempo: Pasos y estrategias probadas para administrar su tiempo de manera eficiente y efectiva.* Este libro

- No es sólo una guía de animadoras rah-rah que te entusiasma con biografías y citas de personas exitosas. No encontrarás los típicos "secretos de la gestión del tiempo" que se copian y pegan de artículos de Internet y se juntan como si fueran una novela de ficción barata.
- Detalla mis acciones diarias exactas y por supuesto, soy una persona exitosa y realizada.

- Le muestra cómo priorizar cuando todo es importante
- Profundiza en las técnicas para lograr sus objetivos
- Le lleva a los mayores asesinos de la productividad y cómo superarlos.
- Le ayuda a silenciar las distracciones internas
- Le dice maneras confiables de derrotar las distracciones externas
- Contiene ejemplos de fijación de objetivos de los maestros de negocios
- Discute los problemas de gestión del tiempo de las personas exitosas.
- Le lleva a las rutinas matutinas de los emprendedores pioneros

No voy a llamar a este libro un libro que cambia la vida. En vez de eso, lo llamaré un libro para mejorar la vida. Con él, empiezas con la vida que has construido y la elevas a los niveles que deseas, implementando los pasos exactos de personas verdaderamente exitosas.

En este libro encontrará la información precisa que necesita. Puede empezar desde la primera página o leer sobre los temas que le causan más dificultad. Puedo asegurarle que este libro le ayudará a maximizar las escasas 24 horas que todos tenemos por día.

Por ejemplo, usted puede revisar el capítulo uno para ver si hay señales que sugieran que su gestión del tiempo es un asco. Además, en el capítulo tres, descubrirá las razones comunes por las que no puede hacer nada con sus listas de tareas.

El punto es que, independientemente del capítulo que elija para empezar a leer, descubrirá muchos pasos valiosos que puede implementar. Así, usted puede aumentar su rendimiento sin aumentar sus horas de trabajo.

Capítulo 1 - Dejar de perder el tiempo

La importancia de la gestión de tiempos
Por definición, la gestión del tiempo es un proceso de organización y planificación del tiempo entre actividades específicas para lograr eficiencia.

El tiempo es valioso para nosotros, le asigne o no un valor en dólares. Piense en el número de veces que se quejó de que no tuvo tiempo suficiente para alcanzar una meta o completar una tarea durante la semana pasada. Si no entiende completamente por qué es crucial que gestione mejor su tiempo, entonces, tomar medidas como descargar aplicaciones de gestión del tiempo, crear listas o ajustar su tiempo de inactividad no le ayudará a resolver sus problemas. En primer lugar, eche un vistazo al panorama general para comprender lo que ganará con una gestión eficaz de su tiempo. Aquí hay ocho razones críticas por las que usted necesita manejar su tiempo de manera efectiva:

1. **Prevenir la postergación**

No hay lugar para la dilación cuando se practica una gestión adecuada del tiempo. Usted se volverá más auto disciplinado a medida que vaya manejando mejor su tiempo. Así, usted puede llegar a ser auto disciplinado en otras áreas de su vida donde le falta disciplina.

2. **Encuentre el tiempo para relajarse**

Debido a las responsabilidades familiares, mandados y trabajos, la mayoría de nosotros no tenemos suficiente tiempo para relajarnos y descansar. Luchamos por encontrar sólo 10 minutos para sentarnos y no hacer nada. Con prácticas apropiadas de manejo del tiempo, usted podrá hacer más durante el día y crear el tiempo para relajarse, descansar y prepararse para una buena noche de sueño más tarde en el día.

3. Evite el estrés

Es fácil sentirse apurado y abrumado cuando usted no tiene control de su tiempo. De esta manera, usted comenzará a luchar para completar sus tareas. Imagínate que está haciendo esfuerzos frenéticos para terminar un proyecto para no perderse una fecha límite. Luego, su jefe deja caer un nuevo trabajo en su escritorio y le pregunta cuándo puede completar la nueva tarea. ¿Cuál será su respuesta?

Sin embargo, cuando pueda administrar su tiempo, completará la mayoría de los proyectos antes de las fechas límite. Puede estimar adecuadamente el período que utilizará para completar una tarea y tener confianza en el cumplimiento de los plazos.

4. Aprovechar las oportunidades de aprendizaje

Usted se vuelve más valioso para su empleador a medida que mejora su repertorio. Pero si no tiene tiempo para mejorar sus conocimientos, ¿cómo puede ser más relevante para su empleador? Una vez que practiques excelentes habilidades de administración del tiempo, podrás aprovechar las grandes oportunidades de aprendizaje que lo rodean.

No significa volver a obtener certificados adicionales. Aprender puede ser tan simple como ofrecerse como voluntario para acoger la jornada de puertas abiertas de su empresa. También puede almorzar con colegas de otros departamentos para obtener más información sobre lo que hacen. Cuando usted tiene un conocimiento adecuado sobre su compañía y su industria, tiene una mayor posibilidad de ascender rápidamente en la escala corporativa.

5. Estar en control de su vida

En lugar de seguir a otros ciegamente, el manejo del tiempo le permite controlar su vida de la manera que usted desea. De esta manera, usted toma más decisiones acertadas y logra más cada día. Por lo tanto, los líderes de su industria comenzarán a buscar su ayuda para hacer las cosas. Con esta mayor exposición, usted se encuentra en una posición perfecta para oportunidades avanzadas.

6. Mejore su toma de decisiones

Independientemente de las técnicas de gestión del tiempo que adopte, un beneficio secundario significativo de una buena práctica de gestión del tiempo es que usted comienza a tomar mejores decisiones. Cuando no tiene tiempo para considerar sus opciones antes de tomar una decisión, saca conclusiones y toma malas decisiones. A través de una gestión eficaz del tiempo, usted se siente más en control y puede examinar a fondo sus opciones antes de tomar una decisión.

7. Mejore su enfoque

Cuando usted tiene el control de su tiempo, su concentración mejora y su eficiencia aumenta. De este modo, podrá realizar sus tareas diarias de forma rápida y eficaz.

¿Desea completar sistemáticamente más tareas que cualquier otra persona? ¿Busca ascensos o premios? Entonces, usted necesita encontrar los medios para administrar su tiempo.

Señales de que está fallando en el manejo de su tiempo
Usted:

- Constantemente tiene más que hacer que el tiempo para hacerlo?

- ¿No descansa desde el momento en que se despierta hasta el momento en que duerme por la noche?
- ¿Siempre se siente cansado después de cada día de trabajo?

Un atributo vital de un gerente capacitado es la eficacia. Si usted tiene la intención de lograr una meta y no está completando las tareas correctas para lograr esa meta, no la logrará.

A continuación, se incluyen algunos de los signos más comunes de que no está logrando controlar su tiempo:

1. Ninguna delegación de tareas

Necesita identificar las tareas que puede delegar, automatizar o subcontratar y eliminarlas de su carga de trabajo. Aquí hay ejemplos de tareas que puede delegar:

- Sus tareas que consumen más tiempo. Estas tareas podrían ser la investigación de clientes, el desarrollo de una estrategia de marketing, la recopilación y presentación de datos, la generación de tráfico y la mejora de la tasa de clics.
- Tareas que otros podrían disfrutar. Es posible que se haya aburrido de una tarea después de completarla repetidamente. Por lo tanto, si cree que algunos de sus colegas podrían disfrutarlo, delegue esa tarea en ellos. Además, si un colega se ofrece como voluntario para una tarea, permítale realizarla.
- Tareas en las que los compañeros de equipo tienen mejores habilidades. Dedique su tiempo a otras cosas y permita que los compañeros de equipo con mejores destrezas manejen tareas que se adapten a sus destrezas y habilidades. Evite ser la competencia para sus compañeros de equipo. Si son mejores en una tarea que usted, de que la hagan.
- Tareas divertidas. Es probable que sus compañeros de equipo se ofendan cuando usted realiza todas las tareas agradables y les pides que se ocupen de las tareas tediosas. ¿Por qué

guarda la diversión para usted? Deje que compartan la diversión.
- Tareas regulares. Estas son tareas recurrentes (semanales o mensuales) y cosas que deben hacerse después de completar un proyecto.

2. De acuerdo con todo el mundo

Si usted continuamente está de acuerdo en hacer las cosas por todos, excluyendo a sus seres queridos, no tendrá tiempo para mejorar su vida o tener tiempo para sus seres queridos. Si siempre está ayudando a otros sin trabajar en las tareas importantes que le han sido asignadas, tendrá constantemente una carga de trabajo excesiva. Ser asertivo y aprender a decir "no" es una de las mejores maneras de mejorar la gestión del tiempo.

Aunque es fantástico ayudar a sus compañeros de equipo en el trabajo, sólo debería ser un acontecimiento ocasional. Si se convierte en algo regular, usted está haciendo su trabajo por ellos y ya no los está ayudando. Necesitan averiguar cómo trabajar sin tener que pedirle ayuda continuamente. De lo contrario, también tienen problemas de gestión del tiempo, y necesitan resolverlos rápidamente.

3. Indecisión

¿Tiene experiencia en dedicar mucho tiempo a considerar varias opciones pero aún no puede tomar una decisión? Es una señal de que usted tiene una mala administración del tiempo. Este signo se relaciona con tener objetivos mal definidos. Cuando sus objetivos están claramente definidos, usted tiene una base para elegir su próxima tarea más importante en cualquier momento dado. La siguiente tarea se elige a menudo en función de la rentabilidad de la inversión. Por ejemplo, suponiendo que debe elegir entre dos tareas de una hora. La tarea A le dará un ROI de $100, mientras que la tarea B le dará un ROI de $150. Si su meta es ganar más dinero, su elección obvia es la tarea B.

Las tareas varían en tiempo de ejecución y costos. Además, es posible que tenga restricciones en la siguiente tarea a realizar debido a los recursos disponibles, los niveles de energía y otros factores. Después de un objetivo claramente definido, he aquí una pregunta que puede hacer para tomar una decisión fácil sobre la siguiente tarea a realizar. "Usando el tiempo y los recursos que dispongo, ¿cuál es la tarea más importante que puedo hacer?"

4. Perfeccionismo

Cuando las tareas tardan demasiado en realizarse o incluso fallan porque quería asegurarse de que todo fuera perfecto, usted es un mal administrador del tiempo. Cuando se sienta abrumado por la necesidad de perfección, no se da cuenta de que muy pocas tareas se realizan de manera impecable en la realidad. Al hacer demandas poco realistas de sus compañeros de equipo, su deseo de perfección puede destruir sus relaciones con ellos. Si usted reprende a sus colegas cuando no logran alcanzar sus estándares perfectos, tendrá dificultades para encontrar colegas dispuestos a trabajar con usted.

Como no puede mantener relaciones de trabajo cordiales con sus colegas, siempre tendrá problemas de gestión del tiempo. No puede hacerlo todo solo. Usted debe darse cuenta de que la perfección es imposible y, la mayoría de las veces, innecesaria. Sólo exija lo mejor de sus colegas para cada tarea. A continuación, utilizando la retroalimentación de las tareas completadas, puede realizar las mejoras necesarias.

Tenga en cuenta que un trabajo perfecto que nunca se completa es inútil en comparación con un trabajo promedio que cumple con la fecha límite.

5. Disminución de la productividad

Cuando gestiona mal su tiempo, no cumple con los plazos de entrega, tiene un aumento de la cartera de pedidos y su productividad disminuye. La gestión del tiempo y la gestión de la energía son igualmente importantes. Si no puede hacer nada con sus niveles de energía, simplemente organizar su tiempo es una pérdida de esfuerzo. Una vez que se han reducido los niveles de energía, se empieza a tener una mala gestión del tiempo. Por lo tanto, usted se encuentra bajo una intensa presión para completar las tareas sin perder el plazo requerido. Esto incluso absorbe más de sus niveles de energía.

Lleve un registro de sus niveles de energía cuando se esfuerza por encontrar la causa de su mala gestión del tiempo. Busque formas de mejorar su gestión de la energía.

6. Objetivos mal definidos

Sólo se puede priorizar cuando se han definido claramente los objetivos. Por consiguiente, puede completar sus tareas a tiempo. Cada objetivo debe tener un esquema claramente definido: qué lograr, cuándo alcanzarlo y el orden de importancia. Usted necesita establecer objetivos claramente definidos en torno a su programa de actividades. De esta manera, usted gana claridad sobre lo que se debe hacer y cuándo debe hacerlo.

Según el principio 80/20, no todas las tareas tienen la misma importancia. En promedio, el 20% de sus esfuerzos serán responsables del 80% de sus resultados. El porcentaje más pequeño de las tareas que realice será responsable del porcentaje más significativo de los resultados que obtenga. Sólo se pueden identificar las tareas 80/20 cuando se tienen objetivos claramente definidos. Un beneficio adicional es que eliminará las tareas que consumen mucho tiempo.

7. Encontrar excusas

La presión de no cumplir con una fecha límite lo hace impaciente. Por lo tanto, usted comienza a encontrar razones para no cumplir con sus plazos. La mayoría de las personas atribuyen su mala gestión del tiempo a las personas, a la tecnología o a ambos. Pero la verdad es que, si usted no ha podido manejar su tiempo correctamente, las personas y la tecnología no pueden ayudarle. Asegúrese de que sólo está trabajando en tareas esenciales que puede completar utilizando el tiempo y los recursos disponibles.

Arruinará su capacidad de concentrarse en la tarea crucial añadiendo una fecha límite innecesaria. Asumiendo que hay una tarea que necesita ser completada para el cierre del negocio de mañana, pero usted decidió cambiar la fecha límite al cierre del negocio de hoy sin ser presionado para hacerlo. Sólo se estaría sometiendo a una presión innecesaria y corriendo para completar la tarea. Mientras que, por el contrario, habría sido mejor para usted difundir el proceso de la tarea entre hoy y mañana.

8. Apresuramiento

Cuando usted se apresura a realizar tareas, es una señal de que no tiene suficiente tiempo para estas tareas o de que no cumple con las expectativas de estas tareas. Aunque algunas tareas requieren un poco de prisa, no debe apresurarse a completar todas las tareas asignadas. Usted debe tener suficiente tiempo entre las tareas para hacer frente a circunstancias imprevistas.

Por ejemplo, una reunión anterior excedió el tiempo asignado. Si deja cada tarea para el último minuto, estará continuamente apurado. Lo que no se da cuenta es que si la reunión A llega tarde, la reunión B comenzará tarde, y tiene que pasar su período de descanso para completar la tarea asignada para el día.

9. Llegar tarde

Cuando no puede dedicar suficiente tiempo a las citas o tareas, no podrá completar estas tareas o cumplir con las citas. Sus compañeros asumen que usted es irresponsable. En algunos casos, su tardanza puede ser un problema de motivación. No puede motivarse a salir de la cama y hacer lo que se supone que debe hacer. Una de las razones principales de su problema de motivación puede ser un desajuste entre sus metas y sus objetivos de gestión del tiempo.

Su mejor opción es priorizar sus metas y administrar su tiempo para alcanzarlas. Cuando usted programa una meta que no es su prioridad, pierde la motivación para ser puntual ya que no se da cuenta de la importancia de la tarea. Por lo tanto, se queda corto en las tareas sin sentir ningún remordimiento, y es conocido por sus frecuentes malas prácticas de gestión del tiempo.

La verdad es que, cuando se es puntual, demuestra que respetas a sus compañeros. Lo contrario también es cierto: cuando llega tarde, es una señal de que no respeta a sus colegas. En lugar de llegar tarde a tareas que no le parecen importantes, puede negarse a realizarlas.

Las razones por las que estás fracasando

Hay veces que luchamos para controlar nuestros asuntos diarios a pesar de nuestros mejores esfuerzos para organizar eficientemente nuestro tiempo, adelantarnos al horario o completar las tareas exitosamente. En lugar de crear listas de tareas adicionales, debe identificar el origen de los problemas de gestión de tiempos. ¿Dónde se le está escapando el tiempo, y qué está haciendo mal?

Echemos un vistazo a ocho razones por las que usted está fallando en la gestión del tiempo:

1. Ningún plan en absoluto

Necesitas un método apropiado para cambiar algo que ya está en movimiento en su vida. No espere que todo se arregle solo. Cree un horario que lo haga responsable de cada hora de su día. No se desvíe de su plan diario, consúltelo y revíselo. Así, usted puede empezar a desarrollar e incorporar nuevos hábitos en su día.

2. Dejar las cosas para más tarde

Comience a implementar su plan inmediatamente. No espere el

siguiente mes, el domingo o el próximo hito en su vida antes de hacer un cambio. La idea principal es que usted actúe según el plan.

3. No hay gracia

Ya que no eres perfecto, habrá veces en que se equivocará. Sin embargo, esto no significa que usted sea un fracaso, o que su trabajo duro no esté dando sus frutos. Así que, date la gracia de levantarte al día siguiente y ser mejor.

4. Falta de rendición de cuentas

Pídale a un colega de confianza que le haga responsable de sus acciones diarias. Si llega tarde, dígaselo al colega de confianza. Luego, haga un plan para lo que sucede cuando no cumple con las expectativas establecidas.

5. Sin motivación

Los comentarios de sus compañeros de trabajo no deberían motivarlo. Decida cuál es su motivación y asegúrese de que sea la motivación correcta. Ejemplos de motivadores fuertes son el desarrollo personal, la excelencia y el bienestar. Los cambios que usted hace para su bienestar se convertirán en un cambio de estilo de vida, pero los cambios hechos para otra persona no durarán.

6. Hacer cambios innecesarios

Concéntrese en un objetivo específico a la vez. Si su objetivo es llegar al trabajo a tiempo, identifique la causa de su tardanza. Entonces, elimínalo. Haga que sea una prioridad determinar los cambios necesarios que necesita hacer. Hacer cambios innecesarios no llevará a nuevos hábitos. Por ejemplo, pasar dos horas en Facebook temprano en la mañana puede hacer que llegue tarde al trabajo. Puede cambiar eso y pasar dos horas en Facebook la noche anterior. Si las modificaciones son necesarias, conviértalas en una prioridad.

7. Expectativas poco realistas

No espere demasiado. Si normalmente usted se levanta a las 7:45 de la mañana y llega al trabajo a las 8:15 en lugar de las 8:00 de la mañana, entonces no puede empezar a levantarse de repente a las 5:00 de la mañana. No funcionará de esa manera. Su mejor opción es empezar a aprender a levantarse a las 7 de la mañana. Luego, trabaje lentamente hasta que se despierte a las 5:30 a.m.

8. Implementar mucho a la vez

Un gran error cuando se trata de un problema en su vida es hacer una larga lista de cosas que cambiar. Luego, intente tomar acciones sobre todas estas cosas a la vez al día siguiente. Ese es un enfoque totalmente equivocado. Su primer paso es aprender a levantarse de la cama a tiempo. Luego, trate de alcanzar la siguiente meta. Con el tiempo, habrías desarrollado nuevos hábitos.

7 grandes mitos sobre la gestión del tiempo

En el mundo actual de los negocios, la gestión del tiempo es más importante que nunca. Aunque la mayoría de los profesionales ofrecen varios consejos para priorizar y equilibrar las tareas del trabajo y el hogar, la mayoría de estos consejos son mitos y malos consejos que podrían tener un impacto negativo que positivo.

Aquí están los siete mitos más importantes que usted no debería comprar sobre el manejo del tiempo:

1. "Presupueste su tiempo."

No se sorprenda cuando le disparen a su presupuesto 15 minutos al día. En lugar de eso, cree periodos regulares de tiempo en los que pueda progresar lo suficiente antes de pasar a la siguiente meta. Durante estos períodos de tiempo, no tome llamadas, no conteste correos electrónicos ni revise su página de medios sociales. Hacer esto le ayuda a evitar las interrupciones aleatorias en lugar de tener reuniones de "un minuto".

2. "Planee su día."

Este era el mantra de la gestión del tiempo. Sin embargo, es posible que nunca se acerque a sus objetivos a largo plazo utilizando planes diarios. Por qué? Usted termina cada día con tareas adicionales que agrega a la lista del día siguiente hasta que abandona sus metas a largo plazo. Una solución simple y efectiva es incluir sus metas a largo plazo en sus planes semanales.

3. "Una lista de tareas detallada es esencial para administrar su tiempo."

Es más importante estructurar sus tareas de acuerdo con sus objetivos estratégicos en lugar de limitarse a enumerarlas. Usted puede convertirse en un maestro de la gestión del tiempo utilizando 15 minutos antes de la hora de acostarse el día anterior para planificar su próximo día para cumplir con una expectativa definida. Aumenta la toma de decisiones y la productividad al limitar el tiempo de planificación.

4. "Un día estructurado significa un tiempo bien gestionado."

Para obtener resultados óptimos, la gestión del tiempo, la eficiencia, la eficacia y la productividad dependen de cada individuo. No hay una propuesta única para todos los casos. Necesita averiguar qué es lo que funciona para usted.

5. "Siempre hay tiempo para sus prioridades."

Usted todavía puede sentirse estresado a pesar de conocer sus prioridades y alinear sus actividades con ellas. Tenga en cuenta que usted sólo puede cambiar lo que siente sobre el tiempo que tiene, pero no puede cambiar el tiempo. Siempre se sentirá estresado al pensar que no tiene suficiente tiempo. En su lugar, dígase a sí mismo: "Tengo todo el tiempo que necesito para cumplir mis deseos "al hacer esto, está más presente y abierto a nuevas y diferentes soluciones, se vuelve más presente y se siente más tranquilo. Así, usted puede hacer más cosas.

6. "Programe primero sus tareas más difíciles."

Una receta para dejar de postergar las cosas es intentar una tarea difícil cuando los niveles de energía son altos. Si su energía es típicamente alta a medianoche, concéntrese en los proyectos más desafiantes durante este tiempo. Si por lo general se encuentra bajo de energías el jueves por la tarde, programe reuniones menos importantes para ese día.

7. "Una mejor gestión del tiempo es el resultado de una mejor gestión de las tareas."

Aunque soy un fanático del bloqueo del tiempo para la gestión de prioridades, sigo creyendo que necesitamos tomar decisiones intencionales sobre dónde enfocar nuestra energía antes de que podamos tener una gestión adecuada del tiempo. Dado que nuestras elecciones definen nuestras prioridades, necesitamos tomar mejores decisiones para tener una mejor gestión del tiempo.

Capítulo 2 - Cómo hacer las cosas 101

Consejos esenciales para hacer las cosas

Hacer las cosas, o GTD, es un método razonablemente simple contrario a lo que usted pueda pensar. Implica el uso de reglas simples para administrar unas cuantas listas. Cualquier persona, independientemente de sus antecedentes, puede entender y aplicar estas reglas.

Sin embargo, usted necesita desarrollar al menos uno de los tres hábitos para hacer las cosas. Por lo tanto, la parte complicada de GTD es en la práctica y no conseguir que las cosas se hagan. Aquí están esos tres hábitos:

1. Mantenga la cabeza vacía

"Una mente vacía está abierta a todo y preparada para todo." - Shunryu Suzuki

David Allen es el autor de *Getting Things Done - The Art of Stress-Free Productivity*. Él recomienda que usted necesita capturar los elementos esenciales necesarios para que usted pueda hacer las cosas. Luego, manténgalo fuera de su cabeza en un sistema confiable donde pueda revisarlo en cualquier momento.

Todo aquí incluye lo que tiene que hacer pronto o algún día (las cosas grandes y las pequeñas). Algunos pueden ser parte de su trabajo, mientras que otros pueden ser parte de su vida personal. Sin embargo, deberían ser los que usted considera más importantes y los que usted considera menos importantes.

Aquí hay seis razones por las que usted necesita incluir todo:

- Todas las cosas requieren su atención constante y consciente.

- Pierde tiempo y sufre estrés cuando piensa en las mismas cosas repetidamente. Una vez que los pone en un sistema confiable y fuera de tu mente, lo hace sin esfuerzo.
- Usted tiene claridad sobre la cantidad de cosas que necesita hacer
- Ya que no estás distraído por cosas indefinidas en su mente, su concentración aumenta.
- Usted puede rechazar las cosas que no debe y no quiere hacer, ya que tiene una idea clara de sus compromisos.
- Usted puede comenzar a usar su mente para actividades creativas en lugar de tratar de recordar cosas.

2. Sea decisivo

"Cuando no hay una próxima acción, hay una brecha infinita entre la realidad actual y lo que hay que hacer." - David Allen

El cambio es inevitable, nos guste o no. Por lo tanto, usted necesita la disciplina para decidir el siguiente mejor curso de acción. Debe tener una idea clara de su compromiso con cada actividad. Entonces, toma una decisión sobre tal cosa.

Para que su organización funcione sin problemas, debe vaciar la bandeja de entrada con regularidad. Defina y aclare cada cosa que haya capturado previamente. Además, usted debe decidir lo que hará con cada elemento. ¿Cuáles son sus razones para hacerlo?

Cuando conoces sus razones, usted:

- Se da cuenta de la realidad y se concentra en las cosas esenciales en lugar de dejarse llevar por lo que es urgente. Por lo tanto, sus niveles de ansiedad son mínimos.
- Tiene el control total porque sabe qué hacer y cuándo hacerlo.
- Experimente una sensación de alivio cada vez que tome una decisión. Además, usted no está bajo ninguna presión intensa, ya que tiene una perspectiva más clara sobre sus objetivos.

- Tiene una mayor autoestima ya que usted es responsable de sus acciones
- Es más productivo ya que tiene una capacidad reforzada para hacer las cosas.

3. Actualice su sistema regularmente

"Tienes que entrenarte para ver el bosque y el árbol antes de que tu conocimiento pueda ser productivo" - Peter F. Drucker

Necesita revisar su sistema regularmente para que sea útil. Reflexione con frecuencia sobre las cosas esenciales de su vida, trabajo, proyectos actuales y acciones futuras. He aquí algunas razones cruciales por las que necesita revisar su sistema regularmente:

- Una revisión completa revela lo que usted no está haciendo y lo que debería estar haciendo.
- Dado que cada acción tiene un paso claramente definido, el hecho de que falte un paso afectaría el resultado.

Reglas Esenciales para una Gestión de Tiempo Exitosa

Es un secreto a voces que una gestión eficaz del tiempo tiene muchas ventajas. ¿Cuántas veces ha escuchado que una mejor gestión del tiempo reduce el estrés, ahorra tiempo y aumenta la eficiencia? Estoy seguro de que es más de lo que puedes contar. Pero la verdad es que a menudo luchamos por practicar una gestión eficaz del tiempo.

Por lo tanto, cuando nos damos cuenta de que la fecha límite está cerca, empezamos a apresurarnos a cumplir con tiempo establecido. Nadie tiene el poder de ralentizar el tiempo de inactividad, pero usted puede aprovechar al máximo su día administrando su tiempo correctamente.

Aquí hay algunos consejos probados para convertirse en un maestro de la gestión del tiempo:

1. Llévalos juntos

Trabajo conjunto relacionados en grupos. Por ejemplo, programe un período específico para responder a sus correos electrónicos y llamadas telefónicas. No maneje estas tareas o tareas similares a lo largo del día. Los diferentes proyectos requieren un proceso de pensamiento diferente. Por lo tanto, la agrupación de tareas relacionadas evita que su cerebro cambie a diferentes procesos de pensamiento cada vez que tenga que realizar un trabajo diferente. La dosificación ayuda a su mente a eliminar el tiempo que le toma a su cerebro reorientarse para acomodarse a las diferentes tareas nuevas.

2. Centrarse en los aspectos importantes

Este consejo es un crédito para Leo Babauta del blog Zen Habits. Según él, hay que pasar unos minutos para entender lo que hay que hacer entonces, concentrarse sólo en esas cosas cruciales. De esta manera, usted hace que cada acción cuente y cree más valor. En este caso, menos no es más; menos es mejor.

3. Trabajar a distancia

Basado en la investigación, el promedio de estadounidenses viaja por lo menos 25 minutos. Incluso se prevé que este tiempo medio aumente en un futuro próximo. Agregue este tiempo al tiempo que le toma estar preparado para su viaje al trabajo. Entonces, usted descubrirá que está perdiendo mucho tiempo yendo y viniendo del trabajo. La solución: si es remotamente posible con su trabajo, intente trabajar a distancia al menos una vez por semana. Ahorrará varias horas a la semana que podrá utilizar para otros medios productivos.

4. Aproveche al máximo su tiempo de espera

Para todos los estándares, soy una persona paciente. Pero no soporto esperar sabiendo que puedo pasar ese tiempo de manera más productiva. Por lo tanto, pienso en las mejores maneras de pasar ese tiempo. Por ejemplo, si estoy esperando para ver a mi médico, podría crear un plan para un próximo artículo en el blog, escuchar un podcast o leer un libro inspirador.

5. Incorporar hábitos de apoyo

Charles Duhigg escribió un libro llamado *El Poder de los Hábitos,* donde definió los hábitos fundamentales. Estos hábitos que transforman la vida incluyen la meditación, el desarrollo de rutinas diarias, el seguimiento de lo que come y el ejercicio. Al incorporar estos hábitos de apoyo en su rutina diaria, usted reemplazará los malos hábitos por buenos hábitos con el tiempo. Consecuentemente, usted está más enfocado, más sano, y será un mejor administrador de su tiempo.

6. No tengas miedo de decir "No".

Aunque usted no quiere que sus colegas se enojen con usted, tiene poco tiempo, como todos los demás. Por ejemplo, si no tiene tiempo libre, no debería intentar ayudar a sus colegas con las tareas asignadas.

7. Maximizar el uso de Google Calendar

Aunque los calendarios han sido una herramienta fundamental de gestión del tiempo durante mucho tiempo, los calendarios en línea los han llevado al siguiente nivel. Puede acceder a un calendario en línea desde varios dispositivos. A continuación, utilice esta herramienta para programar eventos recurrentes, crear bloques de tiempo, configurar recordatorios, programar fácilmente reuniones y citas.

Aunque creo que Google Calendar es el mejor porque es el que utilizo, Apple Calendar y Outlook pueden servir para el mismo propósito.

8. Programar el tiempo de búfer entre tareas o reuniones

Puede parecer un buen uso de su tiempo saltar a un nuevo proyecto inmediatamente después de completar una tarea anterior. Pero tiene un efecto opuesto; desordena su mente. El cerebro humano sólo puede concentrarse durante al menos 90 minutos a la vez.

Por lo tanto, usted necesita tiempo incluso si son unos pocos minutos para recargar su mente, refrescar su cuerpo, y aumentar su cerebro. Caminar y meditar son dos formas comprobadas de aclarar y recargar la mente. De lo contrario, tendrá dificultades para concentrarse o mantenerse motivado. Según mi experiencia, un tiempo de almacenamiento intermedio de 25 minutos entre tareas es siempre ideal.

9. Altere su horario

Alterar su horario puede ser una solución simple y efectiva para sus problemas de gestión del tiempo. Por ejemplo, puede despertarse una hora antes de la hora habitual. Puede utilizar esta hora extra para trabajar en proyectos paralelos, revisar sus correos electrónicos, planificar su día, hacer ejercicio o una combinación de estas tareas. Además, considere reducir la cantidad de televisión que ve y mantenga las mismas rutinas de despertador durante los fines de semana.

10. Deje de trabajar a medias.

Según James Clear, autor del best-seller *Hábitos Atómicos del New York Times*: "En esta era de distracción constante, es fácil dividir nuestro enfoque entre las demandas de la sociedad y lo que debemos hacer. Típicamente, estamos tratando de cumplir una tarea y al mismo tiempo revisando nuestras listas de tareas, correos electrónicos y mensajes. Por lo tanto, no podemos enfocarnos completamente en el proyecto que estamos tratando de lograr".

He aquí algunos de los ejemplos que dio de lo que llamó "medio trabajo":

- Su mente está deambulando por su buzón de correo electrónico mientras se comunica por teléfono.
- Escribir un informe, entonces, detenerse a revisar su teléfono sin ninguna razón
- Alterar su rutina de ejercicios porque observó un par de videos de YouTube

El punto es que, cuando se dedica a la mitad del trabajo, le toma el doble de tiempo cumplir una tarea, y sólo logrará la mitad de la misión. Clear opinó que la mejor solución a la mitad del trabajo es centrarse en un proyecto y completarlo antes de pensar en cualquier otra tarea o comenzarla.

Por ejemplo, escoja un ejercicio y concéntrese en él solo para sus entrenamientos. Además, deje su teléfono en una habitación separada y dedique una cantidad significativa de tiempo a un proyecto importante. Clear afirma que "la mejor manera de lograr un trabajo profundo y enfocado y evitar el trabajo a medias es eliminar las distracciones".

11. Enumerar todos los pasos mensurables para completar una tarea

Todos los objetivos y proyectos son una suma de pequeñas partes móviles. Por lo tanto, es necesario definir claramente las pequeñas partes móviles para lograr un proyecto u objetivo. Un beneficio adicional es que usted está motivado por lo que ha logrado. De esta manera, usted puede enfocarse en lo que aún no ha logrado.

Cuando experimente interrupciones, asegúrese de no dejarse llevar completamente por la distracción. Una manera comprobada de evitar que una distracción se lleve a cabo es limitar el número de tareas que usted está realizando en un momento específico.

12. Aplicar el principio de Eisenhower

Necesita identificar las tareas urgentes y esenciales de su lista de tareas pendientes antes de trabajar en ellas. Este concepto fue acuñado por primera vez por Dwight D. Eisenhower, el 34° presidente de los Estados Unidos.

- Alcanza sus metas personales con tareas importantes
- Alcanzará objetivos inmediatos con tareas urgentes. Típicamente, las tareas urgentes tienen consecuencias inmediatas pero están asociadas con el logro de la intención de otra persona.

El principio de Eisenhower sugiere priorizar las tareas en cuatro grupos:

- No es urgente ni importante: son distracciones completas. Evítalos.
- Urgente pero no importante: estas son barreras para sus tareas, y sus compañeros de trabajo en su mayoría las proveen. Buscan su ayuda para cumplir con sus tareas. Cuando esto suceda, puede sugerir a otra persona competente para ellos o decir "No".
- No es urgente, pero es importante: Estas son tareas necesarias para lograr sus objetivos. Por lo tanto, asegúrese de prepararse adecuadamente para ellos.
- Urgente e importante: Estas son las primeras tareas que debe realizar todos los días. Algunas pueden ser tareas de último momento, mientras que otras pueden ser tareas de emergencia. Con una planificación adecuada, puede evitar las tareas de última hora. Pero no puede planear para problemas de emergencia. Su mejor opción es dejar un tiempo de almacenamiento intermedio para tratar estos problemas. Incluir espacios de tiempo para emergencias es una de las mejores maneras de priorizar sus tareas.

13. Aplicar el concepto de apalancamiento para completar su tarea

El uso inteligente del apalancamiento le ayudará a lograr los rendimientos más significativos con el menor esfuerzo. Utilice la técnica Pomodoro para evitar trabajar horas extras. Esta técnica sugiere que "divida y organice su trabajo en sesiones de 25 minutos y un descanso de 5 minutos entre las sesiones".

Por ejemplo, suponiendo que está trabajando en una presentación y que ha estimado que necesita unos 150 minutos para realizar la tarea. Divida la tarea en seis sesiones de 25 minutos y un descanso de 5 minutos entre ellas. Asegúrese de que sus sesiones no estén en conflicto con otros compromisos o planes. Empiece a trabajar una vez que el temporizador se active después de 25 minutos. Descanse durante 5 minutos después de cada sesión, luego repita hasta completar las sesiones. Descanse durante 30 minutos después de completar todas las sesiones.

14. Rastree su tiempo

He guardado lo mejor para el final. El primer paso para un manejo adecuado del tiempo es determinar cómo gasta su tiempo. Usted puede creer que gasta sólo 25 minutos en correos electrónicos, mientras que en realidad, gasta más de 45 minutos en ello por día.

Las aplicaciones de tiempo como mi calendario de aplicaciones, Toggl o RescueTime le ofrecen una forma fácil de hacer un seguimiento de su tiempo y actividades semanalmente. Haga un seguimiento de sus actividades para la próxima semana, luego, utilice el informe para identificar a sus ladrones de tiempo y hacer los ajustes apropiados.

5 Hacks de productividad menos conocidos que necesita saber

Como ser humano vivo que respira, hay momentos en los que tendrás que luchar con su productividad. A menudo, nuestra incapacidad para producir resultados de manera consistente y repetida es una de las cosas más importantes que nos frenan en la vida. Para la mayoría de nosotros, hay veces que tenemos productividad máxima, pero la mayoría de las veces tenemos productividad del valle. Estas son las principales barreras para nuestras metas de vida.

Antes de que usted pueda hacer un progreso significativo en la vida, debe ser productivo consistente y reiterada. No se pueden tener cinco días de productividad en el valle y dos días de alta productividad en una semana determinada. Como mínimo, usted debe tener cinco días de alta productividad y dos días de productividad del valle en cualquier semana. Sin embargo, todos luchamos por ser altamente productivos en todo momento.

A veces, estamos en alerta de alta productividad. En otras ocasiones, algo destruye nuestro espíritu y nuestra productividad disminuye. O nos entregamos a uno de nuestros placeres preferidos, o nos topamos con uno de los escollos de la vida. Consecuentemente, nuestras relaciones, salud, carreras y finanzas sufren.

¿Cuál es la solución?

En primer lugar, debe identificar los impedimentos para su productividad. Ejemplos de tales obstáculos incluyen la incapacidad de concentrarse, la falta de concentración, la falta de habilidades para administrar el tiempo y la dilación. Si usted desea cambios positivos y significativos en su vida, debe aprender a superar estos impedimentos de manera consistente.

¿Qué son los problemas de productividad?

Los Hacks son trucos, habilidades o atajos que pueden mejorar su productividad. Tenga en cuenta que no hay trucos de productividad; sólo hay múltiples soluciones para que podamos ser y seguir siendo productivos.

Aquí están los mejores cinco trucos:

1. Concéntrese en las victorias pequeñas y rápidas

Tratar de hacer muchas cosas a la vez es un error común. Otro error habitual es enfrentarse a un gran proyecto de una sola vez. Si quiere hacer las cosas, empiece por dar pequeños pasos uno a la vez.

Divida su meta más importante en:

- Objetivos diarios
- Metas semanales
- Metas mensuales
- Metas trimestrales
- Metas anuales

Entonces, siempre pregúntese a sí mismo: "¿Cuál es ese paso que daré hoy que me acercará a mi meta final?" Concéntrese en las victorias pequeñas y rápidas; evite soñar con su gran objetivo.

Estas pequeñas y rápidas victorias le ayudarán a lograr su gran objetivo con el tiempo.

Ejemplo; gran objetivo: Convertirse en un autor autopublicado.

Como un libro típico tiene unas 300 páginas aproximadamente, se necesitan un poco más de 75.000 palabras (un promedio de 250 palabras por página) para las 300 páginas.

Desglose: convierta en un hábito escribir 400 palabras por día en lugar de pensar en la meta final (75.000 palabras). Empiece con 100 palabras hoy, y para el final de la próxima semana, debe haber escrito otras 1.000 palabras. Si continúa así, debe completar su libro de 300 páginas en un plazo de seis meses.

Esa es la magia que ocurre cuando se concentra en las victorias pequeñas y rápidas.

2. No rompas la consistencia

Si usted está tratando de crear un hábito dentro de 21 días porque lo leyó o lo vio en alguna parte, está equivocado. La verdad es que se necesitan entre 18 y 254 días para crear un hábito. La clave para formar cualquier patrón es la consistencia. Un comienzo fuerte, pero darse por vencido demasiado pronto, es una de las razones principales por las que la mayoría de las personas son incapaces de crear hábitos que cambien sus vidas. Si usted cae en esta categoría, entonces, aplique el hackeo de productividad de Jerry Seinfeld. También es conocido como el hack de "no rompas la cadena".

He aquí un extracto de un artículo sobre el hacker Brad Isaac en el que Jerry Seinfeld explica este hacker:

"La mejor manera de ser el mejor cómico es crear mejores chistes. Escribir todos los días es la manera de crear mejores chistes. Utilice un sistema de calendario único como técnica de apalancamiento para presionarse a sí mismo a escribir. Obtenga un calendario de pared con un año entero en una página y cuélguelo donde pueda ser prominente. Luego, usa un marcador mágico rojo grande para poner una x roja grande sobre cada día que realices tu tarea. Usted debe tener una cadena después de unos días de práctica constante. La cadena seguirá creciendo, siempre y cuando se mantenga en ella. Después de unas pocas semanas de consistencia, se sentirá motivado para mantener la cadena en crecimiento. Por lo tanto, su única tarea es evitar romper la cadena."

Este hack es útil porque te ayuda a ser consistente con tu habilidad o talento.

Los tres pasos para empezar con este hacker:

Paso 1: Calcule su habilidad o apréndala. Usted puede elegir convertirse en un maestro en SEO, un programador muy solicitado o un comediante excepcional. Este es un paso vital; no se lo salte.

Paso 2: Ponga un calendario de un año en un lugar destacado de su casa, oficina o lugar de trabajo.

Paso 3: A medida que dedique tiempo a trabajar en esa habilidad, marque cada día con una x grande. Enfóquese en alargar la cadena. Su única tarea es evitar romper la cadena.

3. Use un escritorio de pie

Sé que parece una locura, pero usar un escritorio de pie puede mejorar su enfoque y productividad hasta en un 46%. La nueva evidencia de la investigación de Texas A & M University sugiere que los empleados que usan escritorios de pie son un 46% más productivos que los que usan las configuraciones tradicionales de escritorios sentados. Ahora, la mayoría de las oficinas de moda usan escritorios de pie. Además, FF Venture Capital descubrió que el resultado es un intercambio de ideas más activo. Es un hecho bien conocido Thomas Jefferson, y algunos otros individuos prominentes trabajaron en escritorios de pie durante la mayoría de los días de sus vidas.

Otros beneficios de trabajar en un escritorio de pie en casa o en el lugar de trabajo incluyen:

- Aumento de la productividad. No revisará su bandeja de entrada con demasiada frecuencia

- Reducción de calorías. Usar un escritorio de pie ejercita los músculos significativos de las piernas
- Mejor enfoque. Es normal sentir una sensación de urgencia al estar de pie. De esta manera, usted está más enfocado y podrá completar las tareas a tiempo.
- Mejoras en su salud digestiva. Un escritorio de pie le impide dormir en su escritorio. De esta manera, usted experimenta menos fatiga.

Cuando usted usa escritorios de pie, tiene poca o ninguna necesidad de hacer varias tareas a la vez, cambiar de sitio web, revisar el correo electrónico y distraerse de cualquier otra manera.

Cómo empezar:

- **Comience en ciclos pequeños.** En lugar de empezar a trabajar de pie durante horas. Comience con pequeños pasos. Empiece con 20 minutos por día, luego aumente este tiempo gradualmente hasta que pueda pasar el día de pie en un escritorio.
- **Utilice Pinterest** o sitios similares para obtener ideas creativas sobre la configuración de su escritorio de pie.
- **Tome descansos.** Evite la rigidez o la fatiga consumiendo una taza de café, practicando sentadillas o dando un pequeño paseo.

4. Implementar la regla de los 2 minutos

Es sorprendente saber que se puede lograr mucho en dos minutos. La inclusión de tareas mundanas en una lista de tareas diarias es una de las razones por las que el 90% de las personas nunca realizan las tareas en sus listas de tareas. Por lo tanto, necesita un enfoque sistémico para abordar su lista de tareas pendientes. Ese enfoque sistémico es la regla de los dos minutos.

Al implementar la regla de los 2 minutos, usted se centra en las tareas esenciales y elimina las tareas sin importancia.

La regla de los 2 minutos se divide en dos partes:

- Comenzar y completar cualquier cosa que se pueda lograr en dos minutos
- Comenzar cualquier cosa que lleve más de dos minutos para lograr

Parte 1. Comenzar y completar cualquier cosa que se pueda lograr en dos minutos

No agregue esta tarea de 2 minutos a su lista de tareas pendientes, no la postergue y no la tercerice. Hágalo inmediatamente y olvídese de ello. Las tareas que encajan en un proyecto de 2 minutos incluyen limpiar el desorden, enviar ese correo electrónico, sacar la basura, tirar la ropa en la lavadora y lavar los platos inmediatamente después de la comida.

Con el tiempo, comenzará a descubrir más tareas de 2 minutos. Construya y mantenga la emoción en su día de trabajo marcando esta tarea de 2 minutos. Hay una sensación de logro que es sinónimo de hacer las cosas bien. Mediante la micro gestión de tareas sin importancia a través del principio de 2 minutos, puede gestionar sus listas de tareas diarias con mayor eficacia.

Parte 2. Comenzar cualquier cosa que lleve más de dos minutos para lograr

Si usted tiene tareas de 2 horas, 2 días, 2 semanas, o 2 meses, entonces, usted puede empezar a preguntarse cómo realizarlas en dos minutos. Cuando usted crea impulso al realizar una tarea de 2 minutos, se siente mejor equipado para realizar tareas más significativas. Esta es una de las razones principales por las que la regla de los 2 minutos es bastante potente.

Ejemplos de tareas que puede convertir en un proyecto de 2 minutos incluyen:

- "Corre tres millas", es ahora "Átame los zapatos para correr".
- "Doblar la ropa" se convierte en "Doblar un par de calcetines".
- "Estudiar para la clase" se convierte en "Abrir mis notas".
- "Haz 20 minutos de yoga" comienza con "Saca mi esterilla de yoga".
- "Leer antes de acostarse cada noche" se convierte en "Leer una página".

Usted establece la prioridad para pasar a tareas más significativas utilizando la regla de los 2 minutos para tomar medidas inmediatas sobre sus objetivos.

5. Diversos hacks

1. Al navegar con Google Chrome
- **Fijar sitios web en el escritorio**

Si visita algunos sitios web con regularidad, fíjelos en su escritorio como aplicaciones. Para ello, abra el sitio web que desea anclar, vaya a Configuración de Chrome, más herramientas y, a continuación, haga clic en "crear acceso directo"."

- **Usa estos populares atajos de Chrome**
  - Ctrl+mayús+n: abrir una nueva ventana en modo incógnito
  - Ctrl+j: abrir "descargas recientes"
  - Mayús+esc: abre el administrador de tareas de Google Chrome

- Alt+introducir: abrir URL en una nueva pestaña después de escribir la URL manualmente
- Ctrl/mayús+f5: recarga la página actual mientras ignoras el contenido almacenado en caché

2. Haga lo último cada noche pero lo primero que haga cada mañana

Envíese un correo electrónico antes de dormir. Este correo electrónico debe contener sus tres objetivos principales para el día siguiente. Se trata de un hackeo de productividad que a menudo se pasa por alto, pero es sencillo.

La mayoría de las veces, usted puede haber olvidado lo que escribió, probablemente debido al estrés, el agotamiento o una buena noche de sueño.

Capítulo 3 - Una guía para fijar metas

Todo sobre la Teoría de la Motivación para Fijar Metas
Edwin Locke propuso la teoría de la motivación en los años sesenta. Esta teoría establece que el establecimiento de metas depende en gran medida del desempeño de las tareas. Dice que metas específicas y desafiantes con retroalimentación apropiada resultan en un mejor y más alto desempeño de las tareas.

Las metas indican y guían al empleado en la tarea a realizar y el número de esfuerzos necesarios para lograrlo.

La eficiencia de la meta depende del tipo y la calidad de la meta.

Imagine que tiene 40 libras de sobrepeso y necesita bajar el peso extra. Estas son algunas de las opciones que tiene para establecer la meta:

- "Quiero perder las libras anteriores el año que viene. Revisaré mi dieta y haré las recomendaciones apropiadas". Este objetivo no es específico y carece de claridad. Usted necesita especificar la cantidad de peso que desea perder dentro de ese período y los pasos particulares para perder ese peso extra.
- "Voy a perder dos libras a la semana en los próximos cuatro meses. Mi rutina de ejercicios será de 40 minutos por día, cinco días a la semana. Además, incluiré productos integrales, vegetales y tres porciones de frutas en mi dieta. Por último, no comeré nada durante el próximo mes. Entonces, sólo comeré fuera una vez por semana después del próximo mes". Se trata de un objetivo más específico y claramente definido que el anterior.

La motivación principal es la voluntad de trabajar para alcanzar el objetivo establecido. Las metas fáciles, generales y vagas son menos motivadoras que las metas claras, específicas y desafiantes.

Principios para fijar metas

Basándose en su investigación de 1968, el Dr. Edwin Locke publicó un artículo titulado *"Hacia una teoría de la motivación de las tareas y los incentivos"*. "En este artículo, demostró que un objetivo claramente definido con la retroalimentación adecuada motiva a las personas a alcanzar sus objetivos. También opinó que la emoción de alcanzar una meta es una motivación en sí misma y mejora el rendimiento. En resumen, Locke sugiere que tendemos a trabajar más duro para alcanzar metas específicas y desafiantes, especialmente en un ambiente de trabajo.

Años más tarde, el Dr. Gary Latham llevó a cabo su investigación de fijación de objetivos en un ambiente de trabajo. Al igual que Locke, su objetivo era establecer la correlación entre el establecimiento de objetivos y el rendimiento de los empleados en el lugar de trabajo.

En 1990, Locke y Latham publicaron conjuntamente su obra más famosa, *"A theory of goal setting & task performance.* "El trabajo publicado enfatiza la importancia de establecer una meta específica y desafiante. También desarrollaron cinco principios básicos responsables del éxito en el establecimiento de metas.

Las metas deberían:

- Ser claras. Un objetivo claramente definido es más alcanzable que uno mal definido. Las metas con un cronograma específico son generalmente las más efectivas.

- Sea desafiante. Una meta con un ligero nivel de dificultad le proporcionará la motivación para lograr la meta.
- Implique un nivel de compromiso. Cuando usted está comprometido con su meta, hará el esfuerzo necesario para alcanzarla. Además, ser responsable puede aumentar su nivel de compromiso hacia la meta. Una manera simple y efectiva de ser responsable es compartir su meta con un amigo, pariente o colega de confianza.
- Tenga una retroalimentación apropiada. Sin embargo, tiene que haber una retroalimentación adecuada para mejorar el desempeño hacia el logro de la siguiente meta. La retroalimentación es la herramienta para regular las dificultades de las metas, hacer aclaraciones y ganar reputación. En un ambiente de trabajo, la retroalimentación ayuda al empleado a estar más involucrado en el logro de la siguiente meta. Por lo tanto, se sienten más satisfechos con su trabajo.
- Incluya el tiempo para superar la curva de aprendizaje. Esto es especialmente cierto en el caso de proyectos complejos. Por lo tanto, tener el tiempo para dominar la curva de aprendizaje le da la mejor oportunidad de éxito.

Cuando los empleados se involucran en el establecimiento de la meta, son más receptivos a la meta y están más involucrados en el logro de la meta.

La teoría del establecimiento de metas hace dos suposiciones específicas:

Supuesto #1: Compromiso con la Meta

La teoría del establecimiento de metas asume que el individuo no abandonará la meta porque está totalmente comprometido con ella. Sin embargo, sólo se puede estar comprometido con una meta cuando:

- Es abierto, accesible y general.
- A usted no se le asigna la meta, pero es usted quien establece la meta
- Su meta establecida es consistente con las metas y la visión de su corporación.

Supuesto #2: Autosuficiencia

Esta es su autoconfianza y fe en el desempeño de la tarea. Su nivel de auto eficiencia determinará la cantidad de esfuerzo que aplicará cuando tenga problemas con cualquier aspecto del proyecto. Lo contrario también es cierto; si su nivel de auto eficiencia se vuelve demasiado bajo, usted puede incluso dejarlo antes de cumplir la tarea.

Cómo aplicar la teoría del establecimiento de metas en su vida

Considere cuidadosamente las metas que se ha fijado al tratar de mejorar un aspecto de su vida diaria. Asegúrese de que cada tarea obedezca los principios de fijación de metas discutidos anteriormente.

Asegúrese de fijar objetivos que sean adecuados a sus capacidades. Por ejemplo, usted podría ayudar a su hijo a tener éxito académicamente permitiéndole establecer la meta. Por ejemplo, suponga que quiere obtener el 100% en su próximo examen de inglés. No sólo está comprometida con este objetivo, sino que el objetivo también es claro y desafiante.

Ahora, sólo necesita discutir si la meta es alcanzable o no. Si normalmente saca Cs en las tareas de inglés, puede ser un mal objetivo lograr una puntuación perfecta en el siguiente intento. Luego, usted necesita desarrollar pasos específicos hacia el logro de la meta. También hay que tener en cuenta el tiempo necesario para alcanzar el objetivo y la complejidad que implica.

En última instancia, su objetivo podría ser: "Quiero una puntuación del 100% en mi examen de inglés. Comenzaré a practicar la escritura limpia y ordenada, luego, aprenderé a usar las palabras apropiadas. Mi padre me dará retroalimentación sobre cómo arreglar mis errores". Ahora, este es un plan específico para recibir retroalimentación adecuada porque es una meta clara y alcanzable, y ella tiene la motivación correcta para lograrlo. De acuerdo con la teoría de fijación de metas, tendrá un mejor desempeño en su próximo examen aunque no haya podido obtener el 100%.

La única limitación de la teoría de fijación de metas es que puede fallar cuando se carece de la habilidad y la competencia para realizar las acciones necesarias para alcanzar la meta.

Tenga en cuenta estos principios cuando quiera determinar sus objetivos (individuales o de equipo):

1. Fijar objetivos claros y precisos

Una meta clara es mensurable y carece de comprensión. El resultado deseado determinará la claridad del objetivo y cómo se medirá. Sinónimo del principio de fijación de objetivos SMART, los objetivos claros deben mejorar la comprensión de la tarea, hacer que los resultados sean mensurables y que el éxito sea inevitable. Considere cómo medirá los resultados. ¿Te emociona tu meta? ¿Es lo suficientemente desafiante? Cuando lo piensa, ¿siente la motivación para completarlo? Si usted respondió negativamente a cualquiera de estas preguntas, es posible que tenga que reconsiderar esta meta.

Meta clara:

- Implementar tecnología para reducir el tiempo de desarrollo de productos de 20 minutos a 15 minutos para finales de año.
- Quiero perder 15 libras en 2 meses

Objetivo poco claro:

- Disminuir el tiempo de desarrollo del producto
- Quiero perder peso

Cuando su meta es concreta y medible, alcanzarla se hace fácilmente posible, y usted puede seguir fácilmente su progreso.

2. Haga que sus metas sean un reto

*"Una meta que inspire tus esperanzas, libere su energía y ordene sus pensamientos lo hará feliz. "*Andrew Carnegie.

Para asegurarse de que tiene el grado adecuado de desafío, el establecimiento de objetivos desafiantes requiere un equilibrio considerable. Su motivación y rendimiento dependen de la simplicidad o dificultad para alcanzar la meta. Usted alcanza el nivel más alto de motivación cuando su meta se encuentra entre lo difícil y lo fácil.

La próxima vez que establezca metas, asegúrese de que sean alcanzables, desafiantes, pero realistas. Estas son algunas de las preguntas que puede hacerse al establecer sus metas:

- ¿Son realistas y alcanzables?
- ¿Proporcionan suficiente motivación?
- ¿Dan suficiente desafío?

Desafiante:

- Convertir un 65% más de prospectos a clientes en el tercer trimestre del año fiscal 2018-19 en comparación con el 45% del segundo trimestre del año fiscal 2018-19.
- Perder 40 libras en dos meses

Fácilmente alcanzable:

- Convertir un 1% más de prospectos a clientes en el tercer trimestre del año fiscal 2018-19 en comparación con el segundo trimestre del año fiscal 2018-19.
- Pierda 1 libra en un plazo de dos meses

Su meta debe ser lo suficientemente difícil como para que se sienta realizado.

3. Compromiso verdadero y genuino con sus objetivos

Usted debe entender completamente y estar de acuerdo con sus metas, ya sea que esté fijando la meta para usted mismo, sus empleados o sus compañeros de equipo antes de que pueda lograr dichas metas. En la mayoría de los casos, cuando se trabaja en equipo, es más probable que los compañeros de equipo trabajen más duro para alcanzar el objetivo, siempre y cuando hayan participado en el establecimiento de la meta. No debería tener ningún problema de motivación hasta que la meta se cumpla, siempre y cuando la meta sea alcanzable y consistente con las aspiraciones de todos sus compañeros de equipo.

Imagina las tareas que realiza a diario en el trabajo, cuáles son las que requieren más esfuerzo y cuáles realiza sin interés ni entusiasmo. Su motivación para lograr sus metas depende de su compromiso emocional con el objetivo.

Correcto: El director de proyecto y su equipo deciden el resultado esperado de una reunión en función del talento y las habilidades de cada compañero.

Incorrecto: El gestor de proyectos no tiene en cuenta el ancho de banda y las capacidades de su equipo antes de asignar objetivos a cada uno de ellos.

4. Obtener retroalimentación sobre su progreso

"El establecimiento de metas se vuelve enormemente efectivo cuando se tiene retroalimentación que muestra el progreso en relación con la meta prevista" - Prof. Edwin Locke

Una vez que haya elegido la meta correcta, debe obtener retroalimentación para determinar su nivel de progreso. Por lo tanto, usted puede decidir si ajustar la meta o ajustar su enfoque para alcanzarla. La retroalimentación puede ser autoevaluada, pero por lo general proviene de otras personas.

Correcto:

- Realizar comprobaciones semanales en el departamento de diseño para supervisar su progreso. Proporcione retroalimentación sobre si necesitan alterar el proceso o si están en camino.
- Ajustar la rutina de pérdida de peso después de perder una libra en dos semanas

Incorrecto:

- Establezca y olvídese de una tarea. Cuando se acerque la fecha límite, empiece a preocuparse por completar la tarea.
- Espere dos meses antes de hacer un seguimiento de los cambios.

Frecuentemente reserve tiempo para revisar sus metas y hacer un seguimiento de su progreso. De esta manera, usted está motivado continuamente a través del proceso de alcanzar su meta.

5. Simplificar tareas complejas

Tenga cuidado de no complicar sus metas. Cuando sus objetivos se vuelven demasiado complicados, esto afecta negativamente su motivación, productividad y moral. La mayoría de las personas se sienten abrumadas cuando las metas se vuelven muy complejas. Cuando usted tenga metas complejas, permita suficiente tiempo para aprender (cuando sea necesario), practicar y mejorar el desempeño hasta que se logre la meta. Cuando sea necesario, modifique la meta reevaluando su complejidad o dificultad. También puede dividir esas metas en subobjetivos más pequeños.

Tenga en cuenta que nada que valga la pena será fácil de lograr. Pero el uso de subtareas más simples y menos complicadas puede ayudarle a desglosar y superar las tareas de enormes proporciones.

Recuerde que *"el viaje de mil millas comienza con el primer paso"* - Lao Tzu

Correcto: Desglosar y distribuir las ventas objetivo entre todos los vendedores, dependiendo de sus habilidades. De este modo, el objetivo de ventas puede alcanzarse en su totalidad dentro de un período específico.

Incorrecto: Espere que un vendedor logre el objetivo de ventas completo dentro de un período específico.

Usted necesita seguir trabajando en el establecimiento de sus metas, como cualquier otro aspecto de su vida. Use los principios para implementar sus metas de vida y se sorprenderá de la grandeza que alcanzará.

15 de los mejores consejos para establecer metas efectivas

Usted tiene virtualmente garantizado el éxito cuando tiene claro el propósito de su vida. Usted puede determinar su visión, convertir sus deseos en metas alcanzables y actuar en consecuencia.

Mis experiencias pasadas me han enseñado que ser selectivo sobre mis metas de año nuevo, y pensar en maneras de lograrlas ha sido de gran ayuda. El establecimiento de objetivos es una forma comprobada de transformar resoluciones impresionantes en resultados reales. Las investigaciones demuestran que es más probable que alcancemos nuestras metas siempre y cuando sean mensurables.

Cuando haya terminado de leer esta sección, debería tener consejos comprobados que pueda usar para establecer sus metas con mayor eficiencia:

1. **Hazlo físico.** Anote o escriba sus metas y planes de acción en un papel. A medida que las escriba, se inclinará más a desarrollarlas. Por lo tanto, sus planes de acción no serán sólo un esbozo. Será una hoja de ruta detallada que puede seguir.
2. **La revisión regular es clave.** Usted debe asegurarse de revisar sus metas por lo menos una vez al mes, si no una vez a la semana. Puede programar una cita con usted mismo, con un miembro del equipo, con un colega de confianza o con un pariente para la revisión. Por lo tanto, usted puede hacer un seguimiento de su nivel de progreso fácilmente. Reviso mis metas anuales cada semana para asegurarme de que estoy en el camino correcto hacia mi meta.
3. **Desafíate a ti mismo sin ser estúpido.** Si bien es bueno elegir metas que lo entusiasmen y lo estiren, también debe asegurarse de que estas metas sean alcanzables. De esta manera, usted puede medir realmente su progreso durante un período específico. La idea es lograr las metas y tener algo valioso que se pueda celebrar al final del año. Si

constantemente tienes metas inalcanzables o proyectos de elefantes blancos, empiezas a desarrollar un hábito de fracaso.

4. **Sea preciso con sus planes de acción.** Anote los pasos exactos que pueden ayudarle a lograr su meta. Por ejemplo, usted necesita mostrar su plan de negocios a inversionistas potenciales al iniciar un negocio antes de que puedan tomarle en serio.

5. **La calidad es siempre mejor que la cantidad.** En lugar de tener una larga lista de deseos de tareas que tal vez nunca llegue a cumplir, ¿por qué no tener tres o cuatro metas sólidas? Una vez que haya logrado las metas más importantes, puede agregar más metas más adelante.

6. **Sea específico.** Por ejemplo: crear un blog con 10.000 visitantes mensuales es más específico que crear un blog con miles de visitantes mensuales. Del mismo modo, "ganar 1.500 seguidores en Twitter" es más específico que "tener una fuerte presencia en los medios sociales".

7. **Los plazos son objetivos concretos.** Su plan de acción está incompleto sin un cronograma para alcanzar la meta. Divida su gran objetivo en subobjetivos más pequeños. Luego, fije fechas límite para estos subobjetivos hasta que logre la gran meta.

8. **La rendición de cuentas es importante.** Comparta sus metas con un amigo o un ser querido. Ellos le harán responsable de alcanzar su meta. La ley del compromiso establece que "Cuando decimos a otros lo que pretendemos lograr, tenemos una tendencia natural a permanecer comprometidos hasta que lo logremos". Por lo tanto, usted tiene el ímpetu necesario para tomar todos los pasos necesarios hasta que pueda alcanzar su meta.

9. **Hazlo obvio.** Pegue sus metas en lugares visibles. Este lugar puede ser el refrigerador de la puerta o el espejo del baño. Si lo coloca en un cajón, se olvidará de él y no le servirá de nada. La idea aquí es mantener la cima de la conciencia

mental. Olvidará fácilmente lo que no está en su mente. Otra manera de mantener sus metas en lo más alto de la mente es leer sus metas todos los días.

10. **Mantenga la flexibilidad.** Cuando usted tenga que reducir, recalibrar o revisar para atender emergencias, asegúrese de que estos cambios lo hagan avanzar. Este es un beneficio de tener una revisión mensual de sus metas anuales.

11. **Ama y aprecia el proceso.** Los resultados que usted desea y el proceso de fijación de metas para alcanzar la meta son igualmente importantes. Si piensas constantemente en lo que aún no ha logrado, no apreciará el proceso o los subobjetivos que ya ha logrado. Cuando usted aprecia y honra la aventura, permanecerá positivo, seguro de sí mismo y motivado.

12. **Usa la regla del 5.** La regla de los 5 asegura que usted dé pasos diarios hacia el logro de sus metas. Identifique y lleve a cabo cinco pasos específicos que lo acercarán a su meta. Estos pasos no tienen que ser grandes. Enviar un correo electrónico o hacer una llamada rápida está bien siempre y cuando sean relevantes para su objetivo. Pero descanse hasta que complete estos cinco pasos. Por lo tanto, usted tiene una estructura probada para maximizar su día y darle una claridad de lo que puede lograr diariamente. Si usted usa esta regla y se atiene a ella, puede progresar consistentemente sin agotarse. Cuando sea necesario, puede reducir sus objetivos o redondearlos.

13. **No descuide el cuidado personal.** Si usted está desnutrido, sobrecargado de trabajo o estresado, es posible que nunca logre sus metas. Si lo hace, puede que sufra de mala salud como resultado del estrés y el exceso de trabajo. Al alcanzar sus sueños, no descuide el cuidado personal. Su cuerpo se lo agradecerá, y usted preservará su salud y cordura.

14. **Llevar la cuenta.** ¿Por qué comprueba el marcador inmediatamente cuando sintonizas una emisora deportiva? Quiere saber qué equipo está ganando y cuánto tiempo tienen

que aguantar. También debe mantener el puntaje con las metas que se ha fijado. Le sugiero que use un gráfico físico. Identifique la meta y describa los pasos que necesita para alcanzarla. Rastree su progreso y por cada éxito, recompénsese a sí mismo. El uso de gráficos visuales le mostrará que está evitando los atajos.
15. **Nunca se rinda.** Si no se da por vencido pero implementa los consejos anteriores, tendrá éxito y alcanzará sus objetivos aún más rápido.

8 razones comunes por las que las listas de tareas fallan

La mayoría de las personas que usan listas de cosas por hacer tienen dificultades para tachar todos los elementos de la lista para cuando se van a la cama por la noche. Ni siquiera las tareas completadas forman parte de las listas de tareas pendientes. Si las listas de cosas por hacer no funcionan para usted, parecen ser altamente ineficaces. Usted puede estar matando su productividad con sus listas de tareas. Esta sección revela por qué sus listas de tareas fallan y qué puede hacer al respecto.

1. Estás permitiendo vampiros de la energía

Estas son personas egocéntricas que agotan su energía sin considerar su tiempo y prioridades. Ellos son los que continuamente buscan su ayuda en una u otra tarea. La mayoría de las veces, estas son tareas que consumen mucho tiempo y que no son beneficiosas para usted ni para su lista de cosas por hacer.

Si el vampiro de la energía es un colega de trabajo, puede enviarle este sencillo mensaje. "Tengo una fecha límite muy ajustada, y desafortunadamente, no puedo ayudar en este momento." Si este colega sigue siendo persistente, envíele un mensaje similar al que se muestra a continuación: "Actualmente estoy trabajando en [indique su tarea actual aquí]. Pero puedo informar a mi supervisor y preguntarle cómo priorizar."

2. Estás escribiendo tu lista de cosas por hacer por la mañana.

Escriba su lista de cosas por hacer antes de irse a la cama. De esta manera, evitará desperdiciar su energizado mojo matutino para desarrollar sus tareas diarias. Un beneficio adicional de crear su lista de cosas por hacer antes de irse a la cama es que calma su mente. Los psiquiatras y psicólogos incluso recomiendan esta técnica para evitar la ansiedad. Mantenga alejados los pensamientos no deseados estableciendo un plan para las próximas 24 horas. No interrumpirá su sueño con pensamientos de "tiene una reunión de padres a las 2 pm" o "debe terminar el informe mañana a las 6 pm".

3. Su lista de cosas por hacer tiene demasiados elementos

De los 6.500 profesionales de LinkedIn, sólo el 11% de ellos terminan sus tareas al final del día. Cuando usted tiene demasiadas cosas en su lista de cosas por hacer, se está preparando para el fracaso. Además, se priva de la emoción del final del día de cumplir con su tarea diaria. Además, cuando su lista de cosas por hacer es demasiado, se vuelve muy desalentadora. Usted estará más inclinado a postergar ya que no sabrá por dónde empezar.

Elegir como máximo las tres tareas más importantes es una forma eficaz que he encontrado para mejorar mi productividad y gestionar mi tiempo correctamente. Sus tareas más importantes son mensurables, generativas, tienen significado cuando se completan, y lo mueven hacia el logro de sus metas.

4. No se crea tiempo para distracciones urgentes

Después de hacer todos los esfuerzos para entender y escribir sus prioridades. Un correo electrónico de un compañero de trabajo o una noticia de última hora es todo lo que se necesita para distraerse. Por lo tanto, usted está fuera de rumbo en el momento en que recibe su primer mensaje urgente a pesar de todos sus esfuerzos de productividad.

Una solución simple y efectiva es crear espacio en su agenda sin ninguna tarea. Por lo tanto, usted tiene espacio para acomodar las emergencias. Luego, en los días en que no hay emergencias, usted termina su día temprano y se toma el resto del día libre. También puede tomar medidas proactivas para evitar distracciones. Ajusta tu configuración de correo electrónico sólo para recibir mensajes de personas específicas, configure sus llamadas telefónicas a mensajes de voz y coloque su estado como "ocupado" en chats privados.

5. Su lista de tareas pendientes carece de especificidad

En una entrevista con Bloomberg Business, David Allen dijo: "Noventa y nueve por ciento de cada lista de cosas por hacer que he visto es una lista incompleta de cosas poco claras. Verá cosas como "banco", "doctor" o "mamá". Aunque estos pueden parecer buenos, necesita incluir un paso de acción con ellos." En lugar de `banco', usted debe escribir la tarea específica como `crear una nueva cuenta de ahorros en el banco'."

6. No está ordenando su lista de cosas por hacer

Después de identificar sus tres tareas más importantes del día, clasifique otras metas en:

- Una lista a largo plazo
- Una lista semanal.

Su lista a largo plazo debe contener su meta de 3 o 6 meses. Por ejemplo, "eliminar por completo todos los gastos innecesarios": la lista de tareas semanales para este objetivo de 6 meses sería: "Deja de comer fuera las próximas X semanas."

7. Su lista de tareas pendientes carece de una fecha límite

No hay diferencia entre una lista de deseos y una lista de tareas sin plazos. Los plazos nos inclinan hacia la acción. Cuando no hay plazos, le falta la motivación para actuar. Esta es una de las razones por las que su lista de cosas por hacer sigue creciendo sin terminar la mayoría de las tareas de la lista.

Cuando se establecen plazos, se priorizan las tareas o proyectos para completarlos dentro de un marco de tiempo específico. Recuerde la ley de Parkinson: *"El trabajo se expande para llenar el tiempo disponible para su finalización."* Debe asignar plazos a las posiciones pendientes. De lo contrario, no se sorprenda de que no pueda terminar la mayoría de las tareas.

8. No entiende por qué necesita una lista de cosas por hacer

Para la mayoría de las personas, cuando se les pregunta la base para crear una lista de tareas, su respuesta siempre es: "para hacer las cosas". Sin embargo, esa es la razón equivocada para crear una lista de tareas bien diseñada. El propósito principal de una lista de tareas es organizar y resaltar las tareas más importantes. Al escribirlas, obtendrá una visión panorámica de sus tareas más esenciales.

Una lista de tareas bien diseñada debería ayudarle a concentrarse en el trabajo correcto y evitar cualquier distracción. Su lista de tareas es una herramienta para hacer bien las cosas; no es una herramienta para hacer todo. Vuelva a leer el párrafo anterior hasta que entienda correctamente la diferencia. Cuando usted malinterpreta el papel de su lista de tareas, creará y usará una lista ineficaz. De este modo, en lugar de aumentar su productividad, termina restringiéndola.

Ahora usted tiene un enfoque de lista de cosas por hacer que puede hacer que su día en lugar de romperlo. Tenga en cuenta que debe escribir esta lista de tareas semanales y a largo plazo en una página separada de su diario.

Capítulo 4 - Los secretos de la productividad

Cómo priorizar cuando todo es importante

Usted no se encuentra solo; no todos tenemos tiempo suficiente para hacer todo lo que queremos hacer. Sin embargo, ¿todo en su lista de cosas por hacer son importantes (o se siente de esa manera)? Luego, es hora de que implemente cualquiera de las técnicas de priorización de esta sección. De esta manera, su lista de tareas puede ser más manejable y fácil de conquistar.

¿Qué es una técnica de priorización?

¿Cuál de las 150 tareas de su lista de tareas es la más importante? La técnica de priorización le ayudará a responder correctamente a esta pregunta. Esta técnica le proporciona un método formal para evaluar la importancia de terminar cada tarea de su lista. Al implementar el proceso de priorización, usted puede tomar las decisiones correctas sobre el proyecto que necesita hacer. Pero elimine los que son menos urgentes e importantes. Incluso usted puede establecer un período para una tarea en particular.

Las técnicas de priorización resuelven dos cuestiones vitales:

Cuestión 1: ¿Siente usted que ha pasado todo el día realizando tareas urgentes para todos los que han buscado su ayuda? Luego, una lista de prioridades le ayudará a evitar asignaciones de pánico irrazonables de último minuto y a recuperar el control de su tiempo.

Cuestión n° 2: ¿Son tan importantes las convocatorias de reunión o los correos electrónicos entrantes? Nunca completará un trabajo importante cuando permita que otras personas creen su lista de tareas por usted a través de correos electrónicos entrantes y convocatorias de reunión. Cuando conoce las tareas específicas en las que debe centrarse y la razón para hacerlo, puede justificar fácilmente el retraso en responder a ese mensaje de correo electrónico o el rechazo de una invitación a una reunión.

Durante mi tiempo en un equipo de desarrollo de productos, a menudo utilizamos nuestra lista de prioridades para evitar distracciones y retrasos. Cuando las partes interesadas realizan solicitudes nuevas y urgentes, les mostramos la lista de prioridades. Luego, pregúntese: "¿Qué tarea se debe quitar para acomodar su nueva solicitud?" A menudo, una vez que ven la importancia de los otros temas de la lista, sus solicitudes urgentes se vuelven menos urgentes.

También puede usar esta técnica para manejar las prioridades con su familia, compañeros de trabajo y su jefe. También puede funcionar para esa parte de su cerebro que siempre está buscando nuevas ideas, dándote razones para postergar un trabajo valioso.

Utilice estas técnicas de priorización para centrarse en su trabajo más importante. Debe elegir la técnica de priorización correcta que tenga sentido y funcione para usted. Afortunadamente, usted puede encontrar un método que funcione a partir de cualquiera de estas técnicas de priorización:

1. Matriz de prioridades

Esta técnica implica la distribución de sus tareas en una matriz de 4 cajas. El eje y representa un valor, mientras que el eje x representa otro. Luego, cada cuadrante representa una prioridad definida por los valores.

La imagen de abajo ilustra esta técnica.

Administración efectiva del tiempo

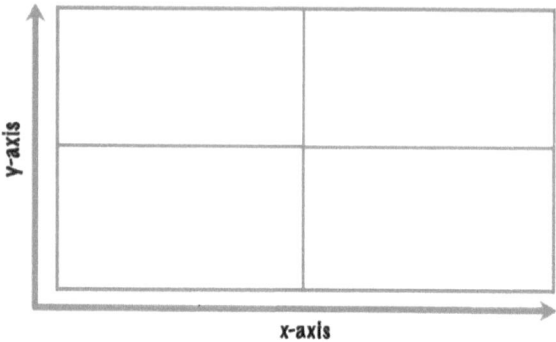

La matriz de Eisenhower es un ejemplo famoso de una matriz prioritaria. En esta matriz, la urgencia es el valor del eje x, mientras que la importancia es el valor del eje y. Utilice la urgencia y la importancia para evaluar las tareas, antes de colocar cada tarea en el cuadrante correcto. Por lo tanto, la matriz de Eisenhower se parece a la imagen de abajo:

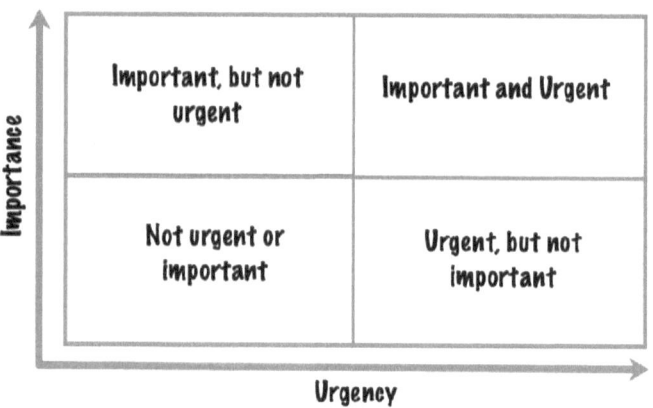

Después de colocar cada tarea en su cuadrante adecuado, puede determinar lo que necesita eliminar de su lista. También puede descubrir lo que necesita delegar, en lo que necesita trabajar más tarde y en lo que necesita trabajar ahora.

Tenga en cuenta que puede utilizar cualquier valor que tenga sentido para usted como sus valores de los ejes x e y en la matriz de prioridades.

Aquí hay dos ejemplos adicionales:

a. Matriz de esfuerzo-impacto

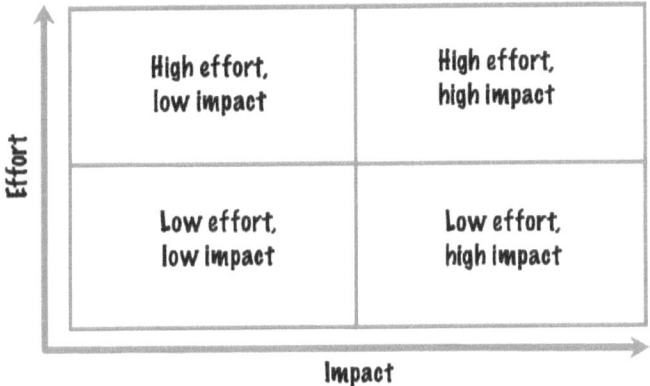

En esta matriz, se evalúan las tareas en función del esfuerzo que se va a realizar para completarlas y el impacto de completarlas. Sus prioridades son las tareas en los dos cuadrantes de la derecha. Dado que las tareas de "bajo esfuerzo, alto impacto" representan ganancias rápidas; es probable que sean sus prioridades más importantes.

b. Matriz valor-coste

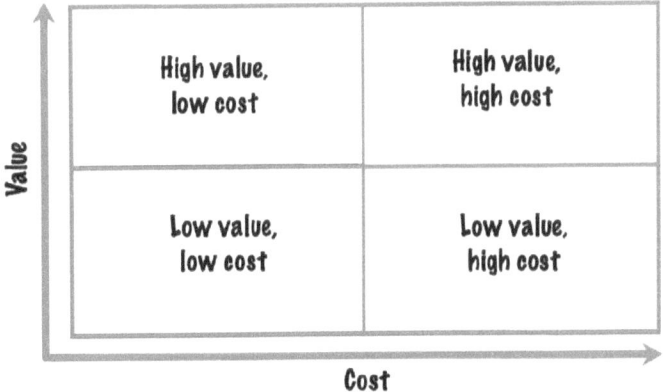

En esta matriz, sus prioridades son los dos cuadrantes superiores. Sus ganancias rápidas son las tareas de "alto valor, bajo costo", pero debe evitar ejecutar tareas de "bajo valor, alto costo". Si la matriz de prioridad resuena con usted, puede construir sus matrices en una hoja de cálculo, en papel, utilizar la aplicación de matriz de prioridad o la aplicación de matriz de Eisenhower gratuita.

2. MoSCoW (se pronuncia como la capital de Rusia)

En esta sencilla técnica de priorización, usted categoriza cada tarea de su lista de tareas en cuatro:

- Las tareas de M deben hacerse: Tareas muy importantes
- Las tareas de la escuela deben ser realizadas: Aunque son de menor prioridad que las tareas m, las tareas s son cosas que usted debe hacer
- Las tareas C pueden hacerse: Estas son tareas que te gustaría hacer. Sin embargo, si no lo haces, no importará en absoluto.
- Las tareas W... no funcionan: Estas son tareas que no valen la pena en absoluto.

Cómo utilizar esta técnica

Utilice el MoSCoW para categorizar cada tarea. El orden de prioridad de sus tareas debe ser M, S y C. Elimine sus tareas W.

Luego, comience a trabajar en su lista de arriba hacia abajo, y puede estar seguro de que está trabajando en sus tareas de mayor prioridad.

Trello o cualquier otra aplicación Kanban (disponible en tiendas Android e iTunes) es muy útil para el método MoSCoW. Especifique el orden de cada tarea arrastrándola y soltándola dentro de las listas.

Para obtener resultados óptimos con el método MoSCoW, asegúrese de añadir todas sus tareas a una lista maestra antes de categorizarlas. Utilice un zap (un flujo de trabajo Zapier automatizado) para hacer esta adición; automatiza el movimiento de sus mini-proyectos desde Slack y su bandeja de entrada de correo electrónico a su lista de tareas pendientes.

3. ABCDE

Una de las principales desventajas de la técnica MoSCoW es que no se puede utilizar para la delegación de tareas. La mejor alternativa es utilizar el método ABCDE de Brian Tracy (detalles en su libro "Eat The Frog"). El método ABCDE es similar al método MoSCoW.

- Las tareas A son las tareas M en el método MoSCoW - hágalas
- Las tareas B son las tareas s del método MoSCoW
- Las tareas C son las tareas c del método MoSCoW
- Las tareas D son tareas que debe automatizar o delegar - esta es la diferencia
- Las tareas E son las tareas w del método MoSCoW - borrarlas

Utilice la prioridad de cada proyecto para asignarle una letra. Al delegar las tareas D y eliminar las tareas E, puede centrarse en las tareas A, B y C, las más importantes.

También puede utilizar aplicaciones Kanban para esta técnica. Su lista maestra debe incluir sub-listas con tareas A, B, C, D y E. Arrastre y suelte tareas en la categoría correcta de la lista principal y, a continuación, comience con sus tareas A.

4. Priorización Ágil

Este método de priorización, también conocido como priorización de scrum, se basa en ordenar sus tareas. Si tiene 15 tareas pendientes en su lista de tareas, utilice prioridad y secuencia para organizar los mini proyectos de 1 a 15. La priorización de Scrum es altamente efectiva cuando la serie es altamente esencial. Por ejemplo, asumiendo que su tarea más importante es reponer el piso de su baño, pero también tienen que hacer funcionar tuberías nuevas. Aunque la instalación de tuberías nuevas es una prioridad menor, primero debe ser completada porque afectará su tarea más importante: volver a arar el piso.

Existen tres criterios para evaluar la tarea en la priorización de scrum:

- La importancia del proyecto
- La importancia del proyecto en relación con otras tareas
- Otros proyectos que pueden afectar esta tarea

Asigne a cada uno de estos criterios un número de 1 a N (N = número total de elementos de su lista). Cada artículo debe tener un número único. No hay dos tareas que puedan ser #1. Aunque la priorización de scrum puede combinarse con las técnicas MoSCoW y ABCDE, también es útil por sí sola. Considere la interdependencia de las tareas entre sí antes de clasificarlas por prioridad. Luego, colóquelas en orden de finalización.

Cualquier aplicación de lista de tareas arrastrada y soltada es adecuada para la priorización de scrum. Pero para mayor eficiencia, en lugar de usar herramientas de arrastrar y soltar, puede usar Yodiz (una herramienta específica de scrum) para asignar números a cada tarea. Yodiz tiene un plan gratuito.

5. Clasificación de burbujas

Vamos a reformular el criterio #2 de la técnica de priorización del scrum para "¿qué tan importante es una tarea en relación con otras tareas?" La clasificación por burbujas es una técnica que compara la importancia de las tareas entre sí. Por lo tanto, es una técnica útil para responder a la pregunta anterior. El primer paso para usar esta técnica es organizar todos los elementos que tiene que hacer en una cuadrícula horizontal:

| Task 1 | Task 2 | Task 3 | Task 4 | Task 5 | Task 6 |

El siguiente paso es comparar las dos primeras tareas e identificar la más importante. Luego, mueva el elemento más crítico a la parte superior izquierda. Usando la imagen de arriba, asumir la tarea 2 es más importante que el ítem 1, entonces, se convierte en la primera tarea de la cuadrícula horizontal.

Continúe comparando las dos tareas más cercanas hasta que agote la lista de tareas utilizando la pregunta anterior como base para reorganizar el orden de los artículos.

Después de reordenar la lista completamente, su prioridad menos importante es ahora la extrema derecha, mientras que su prioridad más importante es ahora la extrema izquierda.

A continuación se muestra un ejemplo de una lista completamente reordenada en orden de prioridad:

| Task 2 | Task 1 | Task 6 | Task 4 | Task 3 | Task 5 |

Aunque no hay herramientas específicas adecuadas para esta técnica, cualquier aplicación de gestión de proyectos apropiada para la priorización de arrastrar y soltar puede funcionar eficazmente. Pero en lugar de trabajar en tareas de izquierda a derecha, se trabaja en ellas de arriba a abajo.

6. La Técnica 1-3-9

Esta técnica le permite priorizar tareas urgentes pero menos importantes. Cada día usted debe completar 13 tareas:

- Nueve artículos de baja importancia
- Tres tareas un tanto importantes
- Una tarea crucial

Primero, trabaje y complete sus tareas, luego, sus tres tareas y por último, sus nueve tareas. El método 1-3-9 le ayuda a trabajar en las tareas más importantes de las menos importantes.

7. Dos listas

Esta técnica se atribuye a Warren Buffet. Así es como funciona: escriba 25 tareas por hacer, luego, marque con un círculo los cinco elementos principales de esta lista. A continuación, agrupe estas tareas en dos extensas listas. La primera lista que contiene las cinco tareas que marcó con un círculo es ahora su lista de tareas pendientes. La segunda lista, que incluye los otros 20 elementos, es ahora la lista de cosas que no debes hacer. Complete sus cinco tareas antes de pasar tiempo en su lista de cosas por hacer. Aunque esta técnica se puede realizar con cualquier aplicación que le permita mover tareas entre listas, es una técnica diseñada para ser realizada en papel.

Cómo elegir la técnica de priorización más adecuada

El objetivo de estas técnicas de priorización es el mismo: ayudarle a trabajar en sus tareas de mayor prioridad. Por lo tanto, no importa si usted usa una técnica, múltiples técnicas o si combina partes de las diferentes técnicas. Debe asegurarse de que la técnica que elija tenga sentido, se sienta natural y sea adecuada para usted.

La técnica para hacer que sus metas sean alcanzables

En estos días, nos vemos empujados en muchas direcciones de nuestra vida personal y profesional que la idea de la libertad se convierte en una ilusión. Pero imagine:

- Usted puede aportar una mayor eficiencia a su vida

- Usted puede concentrarse en lograr sus metas en lugar de tratar de lograr un número infinito de tareas en sus listas de tareas.

Imagine el tiempo libre que se abrirá en su vida y el cambio positivo en la calidad de su vida. Este deseo de crear tiempo libre es la base del método de planificación rápida (RPM). Además de ser un sistema de gestión del tiempo, RPM le ayuda a centrarse en aspectos críticos que pueden ayudarle a organizar su vida de forma más eficiente. Así, usted puede maximizar su sentido de realización, alegría y optimizar los resultados deseados. La suposición es que usted está más impulsado a tomar acciones que lo lleven al éxito cuanto tiene propósitos claros que impulsen sus acciones. El Chunking (una forma altamente eficiente de maximizar su día) es uno de los componentes centrales de las RPM.

¿Qué es Chunking?

Chunking significa organizar la información en piezas del tamaño de un bit para producir el resultado deseado sin paradas ni tensiones. Una fuente de estrés en nuestras vidas es que no contar con suficiente tiempo para hacer un número infinito de cosas por nuestras vidas. Esta fuerte emoción por hacer las cosas lleva a la creación de listas de tareas. Pero un gran número de artículos en la lista puede llevar a la frustración. Por lo tanto, ni siquiera abordaremos ningún proyecto de nuestra lista.

Basado en mi experiencia, tres métodos de fragmentación han sido los más efectivos:

- Rebajar por cantidad
- Se redujo para el momento en que
- Reducido por pasos procesables

1. Rebajar por cantidad

Esto significa fijar una cuota. Si usted es un escritor, puede establecer una cuota para su escritura. Por ejemplo, puede escribir un máximo de 3 páginas por día hasta que complete su novela.

Alternativamente, su cuota puede ser un recuento de palabras. Un ejemplo es el desafío del mes de la novela nacional. Si usted es un participante, se le pedirá que escriba 1,667 palabras por día, y al final del mes, usted habrá completado un libro de 50,000 palabras.

Aquí hay otros tres ejemplos de cómo reducir una meta por cantidad:

- Golpea 300 pelotas al día para mejorar su habilidad en tenis.
- Aprende diez palabras de francés al día durante 100 días para mejorar su fluidez en francés.
- Haga un dibujo al día durante un año para mejorar su fluidez en el dibujo.

2. Se redujo para el momento en que

Hace un tiempo, tenía sobrepeso porque estaba tomando malas decisiones alimenticias, comiendo mucho fuera de casa y no estaba haciendo ejercicio. Después de elegir bajar de peso, mi nutricionista y yo desarrollamos un plan para perder 30 libras en tres meses. Me proporcionó un menú de qué comer durante este mes. También me dijeron que caminara una hora diaria.

Caminar una hora al día se convirtió en un componente significativo para reducir mi meta. Por lo tanto, usé el tiempo para reducir mi meta de perder peso.

Aquí hay algunas otras metas que se pueden reducir con el tiempo:

- Ordenar durante 10 minutos diarios para ser organizados

- Practicar el piano durante 40 minutos diarios para convertirse en un maestro pianista.
- Meditar durante 15 minutos diarios para controlar el estrés

Sin embargo, pasar una hora al día para lograr mis metas importantes sigue siendo mi forma favorita de reducir mis metas.

3. Reducido por pasos procesables

Al crear una lista de pasos procesables, usted puede reducir una meta que no está seguro de poder alcanzar. Meta, subobjetivos y pasos a seguir son tres términos que utilizaríamos para describir este método.

Por definición,

- Los objetivos son el objetivo que se pretende alcanzar
- Los subobjetivos son los hitos para alcanzar los objetivos
- Los pasos por seguir son las tareas individuales para lograr cada subobjetivo.

Asumiendo que usted tiene la intención de "crear un video curso", pero nunca ha creado un curso o hecho videos. Su primer paso es establecer una fecha límite para la creación del video curso. Usemos un plazo de 6 meses (180 días). Luego, abra Excel y cree 180 espacios (un espacio por cada día); esta es su lista de pasos a seguir.

Ahora, cree diez subobjetivos para lograr su gran objetivo. Cada vez que necesites ayuda para crear los subobjetivos, puedes hacerlo:

- hable con un experto en creación de cursos de vídeo,
- leer un libro sobre ello,
- ver algunos videos de YouTube, o realizar investigaciones en línea.

Para nuestro ejemplo de creación de cursos en video, aquí hay diez subobjetivos para lograr este objetivo:

- Equipamiento adecuado

- Aprender a usar el equipo
- Desarrollo del título del curso
- Valide su idea de título
- Desarrolle su esquema
- Desarrollar el guion
- Diseñar las diapositivas
- Comienza a grabar los videos
- Edite sus vídeos (le recomiendo que los subcontrate)
- Inicie su curso

Para facilitar las cosas, supongamos que cada subobjetivo tiene un plazo de 18 días (es decir, 180 días (el plazo total) dividido por 10 (el número de subobjetivos)). Por lo tanto, necesitamos 18 medidas prácticas para alcanzar cada subobjetivo.

Puede utilizar la siguiente guía para crear sus pasos a seguir.

Paso práctico para cada día:

- Uno: lo que puede hacer de inmediato para empezar
- Dos: la siguiente acción física a tomar
- Repita los pasos anteriores hasta que tenga pasos procesables para completar su primera submeta.

Si usted completa una submeta en menos de 18 días, pase a la siguiente submeta. Luego, continúe hasta que logre su objetivo. A medida que escriba los pasos a seguir, hágase esta pregunta: "¿Soy capaz de dar el paso inmediatamente?" Si su respuesta es "sí", entonces incluya este paso procesable. De lo contrario, desglose este paso más adelante.

También puede utilizar la técnica CRUMBBB, un acrónimo de "unidad claramente realizable que es un componente importante". Realizable significa que usted puede tomar acción inmediatamente, mientras que Significativo significa que lo acerca para completar su meta. Puede leer más sobre el método CRUMBBB en un libro titulado "dominar el momento" escrito por el autor de best-sellers, Pat Brans.

Use cualquiera de los tres métodos para reducir sus metas. Dividiendo sus metas y abordándolas en trozos pequeños, usted puede ahorrar tiempo y alcanzar sus metas fácilmente.

5 de los mayores asesinos de la productividad y cómo superarlos

Todos aspiramos a ser buenos administradores del tiempo y a alcanzar altos niveles de productividad. Sin embargo, experimentamos varios obstáculos y distracciones que nos impiden alcanzar las metas antes de que podamos siquiera pensar en superarlas.

En esta sección del capítulo, descubrirá las grandes pérdidas de tiempo y los principales asesinos de la productividad.

1. Negocios

Las actividades en esta categoría incluyen convocar reuniones innecesarias, hacer llamadas telefónicas innecesarias, organizar el correo electrónico y limpiar el escritorio. La mayoría de la gente se da el gusto de trabajar en exceso por el hecho de estar ocupada. Cuando usted se da el gusto de realizar estas actividades no sustanciales, no es productivo.

Cómo superar: reservar una hora al día para delegar todas estas tareas. Entonces, usted puede enfocarse fácilmente en su lista de artículos de alta prioridad.

2. Planificación excesiva

Con la planificación, usted está seguro de que no se perderá ninguna cosa importante. Usted ya conoce sus próximas acciones, y puede enfocarse en sus metas con su lista de tareas. Sin embargo, en lugar de hacer ningún trabajo real, es mucho más fácil dedicar tiempo a actualizar y organizar su calendario.

Cómo superar: reservar un día cada 21 días para revisar las tareas pendientes. Además, dedique 15 minutos cada mañana para revisar el desempeño del día anterior y actualizar sus metas para el día. Las aplicaciones Evernote y Day One son muy útiles para este propósito.

3. Menos sueño

Uno de los mayores asesinos de la productividad es dormir menos y quedarse despierto hasta tarde. Cuando usted duerme menos, hace las cosas lentamente porque es difícil para usted ponerse en movimiento. Por lo tanto, usted se vuelve adicto al café antes de que pueda tener un día productivo.

Si bien puede no ser necesario dormir ocho horas completas, asegúrese de dormir lo suficiente para que sea productivo durante el día. Por lo tanto, se evita depender de sustancias químicas que pueden plantear un problema grave de salud en un futuro próximo.

4. Buzón de entrada de correo electrónico

El correo electrónico es altamente adictivo, y es el mayor succionador de tiempo en la vida personal o de negocios. Peor aún, no podrá hacer ningún trabajo. Cuando usted envía un correo electrónico a un cliente o colega y discute sobre el trabajo, no está tratando sus problemas, sino ayudando a otros a resolver sus problemas.

3 maneras simples y efectivas de superar la sobrecarga del correo electrónico:

1. Revise su correo electrónico tres veces al día. Esto puede ser una hora antes de llegar al trabajo, después del almuerzo y justo antes de dormir. Por lo tanto, puede estar seguro de que no se está perdiendo nada.

2. Usa Boomerang para Gmail para programar respuestas y configurar recordatorios para hacer un seguimiento de los correos electrónicos enviados. Así, usted tiene el control de su tiempo porque puede enviar todas sus respuestas a la vez.
3. No escriba más de un párrafo de respuesta a su correo electrónico. Una opción mejor y más efectiva es hacer una llamada rápida, luego, escribir un correo electrónico corto para que actúe como el rastro de papel.

Cuando implementé esta técnica, pasé menos de una hora en correos electrónicos en lugar de dos horas. Rastreé mi tiempo usando RescueTime,

5. Multitarea

La multitarea significa cambiar de tarea constantemente. Como humanos, nuestros cerebros no pueden manejar varias tareas complejas simultáneamente. Cuando Realice varias tareas a la vez, usted es menor productivo porque produce poco trabajo de calidad, comete más errores y, a veces, pierde más dinero.

Cómo vencer: Vuelva a leer las secciones anteriores de este capítulo.

Capítulo 5 - Lidiando con las distracciones

La diferencia entre distracciones internas y externas
Antes de diferenciar entre distracciones internas y externas, he aquí una explicación sobre cada una de ellas.

Distracciones internas
Las distracciones internas se generan a partir de nuestra propia imagen y percepciones; vienen de nuestro interior. Usted está experimentando distracciones internas cada vez que su plan del día se retrasa o se obstaculiza por sus pensamientos o autopercepciones. El ego negativo rebelde (especialmente, la falta de autoaceptación, la falta de amor propio, o ambos) es generalmente la causa principal de las distracciones internas. Implica su deseo de tener el control para cambiar a otros o hacer cambios específicos sobre usted mismo. Estos pensamientos eventualmente se convierten en una lucha interna autoimpuesta, que conduce a la frustración.

En comparación con las distracciones internas, es más fácil superar las distracciones externas. Usted necesita tener el control de su mente para superar las distracciones internas. Es decir, debe ser mentalmente disciplinado. Cuando usted tiene muchas cosas en su mente, será menos productivo. Por ejemplo, tendrá dificultades para concentrarse cuando tenga un problema de salud, esté deshidratado o no haya dormido lo suficiente. Además, si usted está experimentando algunos desafíos en su relación, tendrá dificultades para concentrarse.

Y lo que es más importante, las distracciones internas le impiden hacer un trabajo real. Cuando no tiene un propósito o una misión, no hará nada. Si usted no pasa suficiente tiempo para considerar sus metas reales (ya sean a largo o corto plazo), no hará nada. Usted debe pasar el tiempo para planear su semana y días, luego, comprometerse a hacer lo que lo acerque más a sus metas.

Así, evitará sentarse en un modo reactivo, esperando que alguien le provea de lo que vendrá o que el mundo trabaje para usted. De esta manera, usted puede administrar su tiempo adecuadamente y ser verdaderamente productivo. Cuando usted experimenta distracciones internas (lo cual está destinado a suceder), debe dejarlas para su debido tiempo. De lo contrario, no se concentrará en ser productivo con su tiempo.

Distracciones externas

Hay muchas distracciones externas que pueden afectar negativamente su enfoque. Necesita prestar atención a algunas de estas distracciones porque son vitales.

Ejemplos;

- Su hijo necesita que lo lleven a casa porque se reportó enfermo en la escuela.
- Su mejor cliente necesita su atención porque está luchando con un reto severo.

Aunque estas distracciones externas pueden ocurrir y ocurren, no son lo suficientemente frecuentes como para afectar su productividad. Sin embargo, la mayoría de las distracciones externas no deberían llamar su atención porque no son tan importantes. Ejemplos de distracciones externas sin importancia incluyen innumerables novedades y trivialidades en Internet o conversaciones sobre los muertos que caminan, juegos de tronos o cualquier otro programa de televisión popular.

Generalmente, todo lo demás que usted puede usar como excusa para no planear o ejecutar su plan es una distracción externa.

Si eres lo suficientemente disciplinado y considerado, puedes apagarte, apagarte y evitar las distracciones externas.

Más adelante en este capítulo descubrirá formas comprobadas de eliminar las distracciones externas.

Tipos de Distracciones Internas

En esta sección, usted descubrirá los tipos de distracciones internas que existen. El énfasis usual es eliminar las distracciones, pero usted necesita saber los tipos de distracciones internas antes de poder prevenirlas o deshacerse de ellas. Conocer los tipos lo ayudará a darse cuenta de su tipo de distracción interna y la mejor manera de eliminarla.

Tipo 1: Autoduda

La inseguridad (y no la falta de talento) es el mayor asesino de los sueños. Usted puede convertir sus dudas en una predicción autocumplida cuando crea cosas como:

"No puedo competir con otros negocios" o

"Nunca me ascenderán".

Independientemente de su confianza, hay momentos en los que va a experimentar un poco de duda de sí mismo. Nos pasa a todos. Sin embargo, usted debe estar mentalmente sano para evitar la duda de sí mismo para que pueda alcanzar sus metas.

La duda te hace perder la confianza en ti mismo. La duda puede hacer que renuncie antes de alcanzar su meta. Esta es una distracción significativa. Aumentar su autoestima es la mejor manera de deshacerse de esta distracción interna. Algunas de las maneras en que usted puede mejorar su autoestima son:

1. Mantenerse centrados en el presente

Por ejemplo, estás corriendo en un campo de atletismo o en un escenario, pero dentro de ti, estás pensando: "Me avergonzaré a mí mismo". Este pensamiento afectará negativamente su rendimiento. En lugar de permitir que su monólogo interior lo arrastre hacia abajo, concéntrese en el presente. Recuerde que no necesita esforzarse por alcanzar la perfección; sólo necesitas hacer lo mejor que pueda. De esta manera, usted puede verter toda su energía para lograr un mejor rendimiento.

2. Controle sus emociones

Sus pensamientos y acciones dependen en gran medida de sus emociones. A menos que usted tome medidas proactivas para controlar sus emociones, los sentimientos de ansiedad pueden desencadenar pensamientos dudosos y estropear su desempeño.

Controle la influencia de sus emociones en sus elecciones. Controle su ansiedad y calme su mente distrayéndose con tareas mundanas, dando un paseo o respirando profundamente. No ceda, se dé por vencido ni se retire a causa de su incomodidad a corto plazo.

3. Pregúntese:"¿Qué es lo peor que puede pasar?"

Las predicciones alocadas como "voy a estropearlo todo" pueden hacerlo dudar. Cuando estos pensamientos dudosos empiezan a aparecer, considere el peor de los casos. Si comete un error, ¿qué tan graves serían las consecuencias de su error? La verdad es que no es probable que cualquier error altere la vida. No conseguir un ascenso, tropezar con tus líneas o perder un juego no será tan relevante en unos pocos años. Por lo tanto, calme sus nervios manteniendo las cosas en la perspectiva adecuada.

4. Considere la evidencia que apoya sus pensamientos distractores

Pregúntese: "¿Cuál es la prueba de que no puedo o puedo hacer esto?" Su respuesta a esta pregunta le dará una perspectiva realista. Aunque esta técnica no eliminará todas sus dudas, las reducirá significativamente.

5. No se preocupe por un poco de dudas sobre usted.

Según un estudio de 2010 publicado en la revista Psychology of Sport And Exercise, una ligera inseguridad puede conducir a un mejor rendimiento. Cuando sepa que las cosas pueden no ir de acuerdo con el plan, cree unos minutos para planificar cómo puede mejorar. Estos pocos minutos de planificación le ayudarán, a largo plazo, a utilizar su tiempo correctamente. La confianza en uno mismo sigue siendo la mejor manera de eliminar las auto distracciones.

Tipo 2: Pensamiento excesivo y pensamientos angustiosos

Si le preocupa cómo va a tener éxito mañana o se castiga por un error que cometió un día anterior. Entonces, usted está sufriendo de pensamientos angustiosos. Por lo tanto, se encuentra en constante estado de angustia, incapaz de pensar en otra cosa.

Aunque todos pensamos demasiado de vez en cuando, no debería ser demasiado constante. Dos de los patrones de pensamiento destructivos en este monólogo interno son preocupantes y rumiantes.

Reflexionar implica repasar acciones anteriores. Ejemplos de pensamientos reflexivos incluyen:

- Hablé demasiado pronto en la reunión de hoy. Me di cuenta por sus ojos que pensaban que yo era un idiota.
- Fui una estúpida al dejar mi antiguo trabajo. Si me hubiera quedado, habría sido más feliz.

- Mis padres tenían razón. No llegaré a nada.

Preocuparse implica predicciones negativas sobre su futuro. Los ejemplos incluyen

- Mi presentación de mañana será vergonzosa. Todos llegarán a la conclusión de que no soy competente porque mis manos temblarán y mi cara se pondrá roja durante toda la presentación.
- No importa lo que haga, mi ascenso nunca ocurrirá.
- Ya no soy lo suficientemente bueno para mi cónyuge. Se divorciará de mí y encontrará a alguien más.
- Debo ayudar a Edward con su tarea y destruir mi plan de manejo de tiempo para el día porque Edward me ayudó durante mi tarea anterior.

A veces, los pensamientos angustiosos pueden ser en forma de imaginaciones negativas, como imaginar que su auto se desvía de la carretera. Pensar demasiado todo le impide realizar cualquier actividad productiva.

Efectos de pensar demasiado

Pensar demasiado puede tener un impacto negativo severo en su bienestar.

La evidencia de una investigación del NCBI sugiere que usted es más susceptible a los problemas de salud mental cuando se concentra en sus problemas, errores o deficiencias. Su tendencia a rumiar aumenta a medida que su salud mental declina, lo que lleva a un círculo vicioso que tal vez nunca rompa.

Otro estudio también mostró que la angustia emocional severa podría ser el resultado de pensar demasiado. Cuando no puede dormir incluso después de cerrar su mente, entonces, sabe que es un pensador excesivo. Con menos horas de sueño y una calidad de sueño más reducida, el manejo de su tiempo para el día siguiente será completamente deficiente porque usted deseará más descanso.

Tipo 3: Síndrome del objeto brillante

El síndrome del objeto brillante implica la distracción a través de nuevos productos, herramientas e ideas. Estos 'brillantes objetos' parecen más divertidos y emocionantes que sus proyectos actuales. A veces, usted puede incluso pensar que este nuevo proyecto tiene más perspectivas que el proyecto en el que está trabajando en este momento.

Si usted puede relacionarse con cualquiera de lo siguiente, entonces, usted está sufriendo del síndrome de objeto brillante:

- En lugar de completar lo que está haciendo actualmente, salta continuamente de una meta a otra.
- Usted está fascinado por los reclamos salvajes de varios e-courses. De esta manera, se salta a otro curso electrónico sin implementar lo que se aprende en el anterior.
- En lugar de ejecutar una de sus ideas de negocio, usted sigue compilando una lista de ideas de negocio.
- En lugar de construir lo básico, usted gasta demasiado tiempo en nuevas ideas y herramientas, el 95% de las cuales son ruido.

Una de las mejores maneras de superar el síndrome del objeto brillante es adquirir el hábito de completar una tarea antes de pasar a la siguiente. En la siguiente sección de este capítulo, descubrirá formas comprobadas de silenciar las distracciones internas.

13 maneras de silenciar las distracciones internas

En la sección anterior, discutimos los tipos de distracciones internas, pero no discutimos cómo detenerlas excepto el primer tipo de distracción. En esta sección, descubrirás cómo silenciar las distracciones internas de los tipos dos y tres. También encontrará otras maneras de silenciar las distracciones internas.

4 maneras de dejar de pensar demasiado

Usted puede limitar sus patrones de pensamiento negativo con la práctica constante. Aquí están las seis maneras probadas de dejar de pensar demasiado:

1. Empieza a prestar atención a la forma en que piensa

El primer paso para poner fin al pensamiento excesivo es la conciencia. Cuando observas que usted repite eventos en su mente repetidamente, piense en el hecho consciente de que sus pensamientos no pueden cambiar el pasado.

2. Aprender a reconocer y reemplazar los errores de pensamiento

Ya que los pensamientos negativos pueden ser altamente exagerados, usted debe reconocerlos y reemplazarlos con pensamientos positivos. De lo contrario, usted puede asumir erróneamente que será despedido por llamar para avisar que está enfermo o que se quedará sin hogar porque se le olvida una fecha límite.

3. Enfoque en la solución del problema

Buscar soluciones es más útil que pensar en sus problemas. Deducir las lecciones de un error o desarrollar pasos para prevenir un problema futuro. Siempre pregúntese, ¿qué puedo hacer al respecto? En lugar de preguntar, ¿por qué sucedió esto?

4. Crear tiempo para reflexionar

Un poco de reflexión puede ayudarle a manejar su tiempo para el resto del día correctamente. A través de su meditación, usted debe identificar los posibles vacíos en su plan o lo que podría ser diferente para tener éxito. Su horario diario debe incluir 20 minutos de tiempo para pensar. Permita que su mente se desvíe excesivamente durante este tiempo. Luego, cuando hayan pasado los 20 minutos, pase a las tareas productivas. Cuando observe que ha comenzado a pensar demasiado fuera de su tiempo de pensamiento, recuérdese a sí mismo que lo pensará más tarde. Es posible que tenga que repetir este recordatorio más de una vez antes de que sea efectivo.

5 consejos para superar el síndrome de los objetos brillantes

Es cuando usted está enfocado en poder manejar su tiempo satisfactoriamente y hacer las cosas. Pero es necesario evitar el síndrome del objeto brillante antes de poder concentrarse por completo. Aquí hay cinco consejos probados para superar el síndrome del objeto brillante:

1. Aprender a diferenciar entre oportunidades reales y objetos brillantes

Los objetos brillantes son distracciones reales que se disfrazan de herramientas excelentes y emocionantes. Por ejemplo, se están introduciendo algunas herramientas nuevas en el mercado que hacen afirmaciones muy audaces. Pero no agregará valor a su trabajo o vida productiva. Las oportunidades reales deben tener un impacto real en su vida o trabajo. Por ejemplo, herramientas que mejoran la entrega de su producto o servicio y herramientas que pueden impulsar su flujo de trabajo.

2. Utilizar la técnica de "esperar y ver".

Utilice esta técnica cuando no esté seguro de su próxima decisión. Muchas herramientas se están volviendo obsoletas en un par de años debido a los rápidos avances tecnológicos. Si se introduce nuevo software en el mercado y dice que lo hace más productivo, analice críticamente si necesita o no esa herramienta. Sólo debe comprar esta nueva herramienta cuando esté seguro de que no tiene otra alternativa.

3. Eliminar las fuentes de información de baja calidad

Manejar las fuentes de distracción es una de las mejores maneras de manejar la distracción. Cuando se suscribe a boletines informativos que recomiendan nuevos productos con frecuencia, siempre tendrá dificultades para concentrarse porque desea evaluar cada producto antes de tomar una decisión de compra. Esto se llama carga cognitiva. Su mejor opción es eliminar las fuentes de información de baja calidad en lugar de utilizar su preciosa energía mental para filtrar el ruido. Evalúe sus suscripciones por correo electrónico, suscripciones a grupos de Facebook y noticias de medios sociales. Darse de baja de grupos y boletines que ofrezcan sugerencias inútiles e irrelevantes.

4. No siga la corriente

Evalúe la idoneidad de una nueva herramienta para su trabajo y su vida antes de comprarla. No lo compre ni lo use porque sus colegas lo llaman la mejor innovación. Esta nueva herramienta puede convertirse en su fuente de improductividad. Siempre hágase estas tres preguntas críticas:

- ¿Cuáles son los méritos contra los deméritos de hacer esto?
- ¿Qué valor añadirá esto a mi vida o a mi trabajo?
- ¿Lo necesito?

Si usted está genuinamente seguro de que agregará valor a su trabajo y a su vida, entonces, hágalo.

5. No pierda el tiempo persiguiendo tendencias

Si usted sigue cada nueva herramienta e idea, no conseguirá hacer las cosas. Sólo perderá el tiempo persiguiendo tendencias. Además, debe entender que un producto nuevo no significa que sea un producto mejor.

4 Otras maneras de superar las distracciones internas

Ahora, aquí hay otras cuatro maneras de silenciar cualquier forma de distracción interna:

1. Practicar la defusión cognitiva

La mayoría de nuestros pensamientos intrusivos son retóricos y abstractos. Una manera efectiva de perder el poder de sus pensamientos negativos es reencuadrar esos pensamientos hasta que pierdan su significado. La defusión cognitiva es una técnica que cambia una palabra o frase y cómo te impacta. Por ejemplo, si siempre repite una frase como "la vida no tiene sentido", puede enmarcarla como "Estoy pensando que la vida no tiene sentido". La repetición de la frase reencuadrada elimina cualquier negatividad de la misma. Del mismo modo, si escucha continuamente una palabra en su cabeza cuando se siente mal ('perdedor') o confundido ('estúpido'), repetirlo diluye su poder. La clave es verbalizar el pensamiento para que pueda escucharlo.

Una técnica similar a la defusión cognitiva se denomina efecto o dirección positivos. Como su nombre lo indica, esta técnica consiste en transformar las palabras negativas en palabras positivas. Puede convertir palabras como "No puedo hacer esto" en "Por supuesto, puedo tener éxito". "Nunca lograré esta meta" se convierte en "Definitivamente voy a hacer que esto suceda". Cuando usted usa frases positivas, prepara sus lóbulos frontales y, en consecuencia, estimula un comportamiento dirigido a la meta.

2. Practicar la autocompasión

La autocompasión es el acto de tratarse a sí mismo con amabilidad. Usted usa un entendimiento gentil y calmante para responder a su ansiedad. Cuando usted tiene pensamientos ansiosos como "Oh no, aquí vamos. No puedo aceptar esto. Odio estos pensamientos."

La autocompasión puede convertir este diálogo interno en "No es fácil sentirse así, pero puede superar estos problemas y completar la tarea". Esta técnica disminuye los efectos de la ansiedad al alentarlo a no culparse por sentirse ansioso. Ayudará a acercarse al miedo desde un lugar de comprensión.

3. Verbalizar tus pensamientos

Como los problemas que pasan por su cabeza son a menudo un montón de pensamientos desordenados y preocupaciones, hablar en su cabeza rara vez revela algo significativo. Sin embargo, cuando verbalizas sus sentimientos y miedos, puede desarrollar una historia e identificar el significado de la historia. Si no le gusta una persona, anótalo en un diario. Los efectos son similares.

La escritura ayuda con los problemas físicos y psicológicos, ya que conduce al desarrollo de una narrativa coherente a lo largo del tiempo. Es el procesamiento cognitivo durante la escritura lo que lo convierte en una actividad terapéutica. Al crear una descripción, usted puede tener una idea de lo que está sucediendo. Por lo tanto, reduciendo parte de ese horrible ciclo de charla mental.

Otra técnica de escritura es escribir las tareas que desea realizar en la próxima hora. Luego, fije una fecha límite para que usted termine las tareas. El acto de escribir sus tareas críticas por hora reorientará su cerebro hacia sus proyectos más vitales. Agregar una fecha límite crea un sentido de urgencia que le ayuda a mantenerse enfocado.

4. Practicar la atención y la meditación

Si usted se encuentra atascado en su cabeza y necesita una rápida conexión a tierra en el presente, la atención puede ser más accesible. Es ligeramente diferente de la meditación. La mejor descripción de mindfulness es de Jon Kabat-Zinn, *"Concéntrese en el presente sin juzgar"*.

En todo momento, siempre vuelva a centrar su atención en lo que está haciendo en ese momento. Tómese un momento para concentrarse en el presente en lugar de en lo que está en su cabeza. Así, usted puede salir de sus distracciones internas cuando suceda.

6 maneras Confiables de Derrotar las Distracciones Externas

Las distracciones externas usualmente desbaratan nuestra ética de trabajo diaria. Esto puede ser cualquier cosa, desde el niño pequeño de su vecino corriendo por la ventana de su oficina, un golpe inesperado en la puerta principal, o un colega que se detiene para charlar. Puede distraerse con las notificaciones de Skype, las noticias de las redes sociales o el correo electrónico.

La mayoría de las veces, tenemos la culpa de estas distracciones. La mayoría de nosotros somos culpables de revisar las noticias de Facebook o el correo electrónico cuando deberíamos estar haciendo un trabajo real. Otras veces, las distracciones suceden igual que la vida. Por lo tanto, deben recobrar su concentración instantáneamente para evitar que la actividad consuma sus mentes.

Dado que prevenir es mejor que curar, usted debe encontrar maneras comprobadas de minimizar estas distracciones. Cuando nuestros intentos de prevenir las distracciones fracasan, es crucial que usted tenga estrategias para lidiar con ellas. Aquí hay seis maneras confiables de derrotar las distracciones externas:

1. Atención cortafuegos

En los últimos años, figuras famosas como Merlin Mann, Gina Trapani y Tim Ferriss han hecho popular este concepto en los círculos de productividad. Esta técnica consiste en evitar las distracciones en lugar de tratar con ellas.

Debe hacer un seguimiento de sus actividades e identificar las distracciones que le impiden realizar un trabajo productivo. Por ejemplo, puede utilizar software para bloquear el acceso a un sitio web específico que le haga perder demasiado tiempo. Si sigue siendo una distracción porque podría pasar por alto el software. Puede evitarlo utilizando su enrutador. Dado que tendrá que reiniciar el enrutador y guardar el cambio, sería un poco más difícil pasar por alto el enrutador. Durante ese tiempo, usted no se distraerá por el Internet, y tiene una alta probabilidad de enfocarse y volver a enfocarse en sus tareas cuando está distraído.

Para el correo electrónico, desinstale los notificadores y cambie la configuración del teléfono a silencioso para evitar los pitidos de los nuevos mensajes.

2. Mantenga su lista de cosas por hacer fácilmente visible

Mantener su lista de cosas por hacer cerca hace que sea más fácil volver a la tarea durante su período de espera y mantener su concentración clara. Por lo tanto, puede evitar caer en la trampa de la distracción. Además, asegúrese de escribir su lista de tareas de manera legible para que pueda leerla desde su posición de trabajo más común.

Configure pequeños mensajes de recordatorio, como "¿se encuentra haciendo una tarea? El verdadero secreto es hacer que su lista de tareas sea visible todo el tiempo y ser consciente de ello.

3. Mantenga una almohadilla de aplazamiento.

Esta almohadilla de aplazamiento puede estar en su escritorio o en su computadora. Apuntes sobre sus distracciones en ellos a medida que llegan. Por lo tanto, puede olvidarse de ellos y regresar más tarde. Una alternativa es usar un dispositivo separado para almacenar sus distracciones. Por ejemplo, usted puede tener una libreta de apuntes titulada "almohadilla para dejar las cosas para más tarde", que contiene sus distracciones.

4. Maximice sus picos de productividad

Todos tenemos períodos específicos del día en los que estamos en la cima de la productividad. Usted necesita identificar estos momentos y darse la mejor ventaja programando los más importantes para estos momentos.

5. Psiquiatría para ir a trabajar

Una razón convincente para completar el trabajo es altamente esencial para mantenerse en la tarea. Recuérdese sobre los beneficios de terminar su tarea. Por ejemplo, un fin de semana sin trabajo o el orgullo de terminar un proyecto desafiante. Recordarse de algunos beneficios a corto plazo también funciona. Por ejemplo, si usted completa una cantidad específica de trabajo, puede tener suficiente tiempo para descansar y llevar a su esposa a una cita para pasar la noche.

6. Usar la técnica de recompensa instantánea

Dígase a sí mismo que haría algo entretenido durante 10 minutos una vez que pueda completar su próxima tarea dentro de un marco de tiempo específico. Por ejemplo, si usted completa 600 palabras de un artículo en los próximos 30 minutos, usted jugará su juego favorito en su teléfono durante 5 minutos. Si su trabajo le permite trabajar a distancia, puede utilizar esta técnica para afinar su enfoque. Sin embargo, este método debería ser su último recurso porque es casi imposible hacer su mejor trabajo dentro de un plazo de 20 o 30 minutos. Es una buena estrategia cuando se encuentra demasiado distraído o cuando lucha para empezar el día con trabajo productivo.

Capítulo 6 - Emular el éxito

Ejemplos de fijación de objetivos de los Business Masters

En esta sección, exploramos los secretos de algunos grandes ejecutivos de negocios. Vamos a empezar:

1. Bárbara Corcoran

Barbara es una inversora de "Shark Tank" y fundadora de Barbara Corcoran Inc.

"Debido a las limitaciones de tiempo, suelo organizar mi lista en secciones. La primera sección es para las llamadas que pretendo hacer, pero no excede de tres llamadas. Puse mis llamadas en la primera sección para evitar olvidarlas.

La sección de revisión es mi segunda sección. Típicamente son tareas cortas. En él respondo a preguntas como:"¿Te gustaría estar en nuestro programa? puedo hacer una revisión rápida y sacarla de mi camino, ya que la documentación pertinente está adjunta a ella. Aunque no están listados en ningún orden en particular, me aseguro de completarlos en menos de un día.

La tercera sección es mi lista de proyectos. Éstas contienen tareas que mueven mi negocio hacia adelante y me hacen ganar dinero. Además, los clasifico como A, B y C, dependiendo de su importancia. Algunas de las tareas en esta lista son empresas en las que he invertido a través de **Shark Tank***. Las tareas A son esenciales y sólo para hoy. Las tareas B también son necesarias, pero su fecha límite no es hoy.*

Cuando mi lista de tareas es demasiado pequeña, muestra que no he creado tiempo para la reflexión. Mi lista se vuelve más sustancial cuando tengo más tiempo para reflexionar. Cuando reflexiono, puedo pensar en nuevas oportunidades que no quiero olvidar. A pesar de intentar varias listas de cosas por hacer, mis listas de cosas útiles han sido las que he escrito o tipeado. Hay una satisfacción que obtengo al tachar tareas que no puedo conseguir con el botón de borrar".

2. Jim McCann

Jim es el autor de *Talk is (Not) Cheap: The Art of Conversation Leadership* y el fundador y CEO de 1-800-flowers.com, Inc.

"He estado usando listas durante la mayor parte de mi vida de negocios. Tuve un loco creador de listas como mentor en la casa de St. John's en Queens, Nueva York. Estar ocupado es fácil, pero ser efectivo es mucho más difícil. Usando el ejemplo de mi mentor, compré una libreta e imprimí 'cosas que tengo que hacer hoy' en ella. Actualmente, combino pads físicos y digitales. Mi lista está dividida en cuatro:

- *Cosas que debo hacer hoy*
- *Una lista general de cosas por hacer*
- *Una lista de proyectos*
- *Una lista de ideas a largo plazo. Estos son muy importantes para el crecimiento de la empresa.*

Antes de asignar mis apuntes a cualquiera de las listas anteriores, me hago una pregunta: `` ¿Debe hacerse hoy? La mayoría de estos apuntes son ideas útiles que encajan en la lista de ideas a largo plazo o en la lista de proyectos. Mi equipo evalúa estas listas de vez en cuando para determinar si las ideas son o no lo suficientemente buenas para su implementación. Reemplazamos las ideas que ya no son lo suficientemente buenas por otras nuevas. Con una lista de tareas adecuada, puede convertirse en un mejor administrador de su tiempo".

3. Jim Koch

Jim Koch es el fundador de la Boston Beer Company.

"Las tareas prioritarias de los diferentes equipos internos determinan mi día. Cada mañana, escribo un máximo de cinco objetivos obligatorios para ese día en una nota de Post-it. Este acto me mantiene concentrado por el día.

Si bien estos elementos no son necesariamente urgentes, son importantes. Una vez que empiezo mi día, me aseguro de que la lista siga siendo accesible para evitar postergarla. Sin embargo, tacho todos los artículos de la lista al final de cada día. Además, cada una de mis semanas comienza con un máximo de cinco correos electrónicos en mi bandeja de entrada. Para garantizar que los problemas o preguntas se resuelvan con bastante rapidez, respondo a los correos electrónicos casi inmediatamente después de recibirlos. Por lo tanto, responder a los correos electrónicos no afecta mi productividad durante mis descansos diarios.

Durante mi tiempo de descanso, apago mi Internet y paso ese tiempo en la ferretería más cercana. Incluso puedo recoger una herramienta que necesito en casa. Para cuando vuelva a mi escritorio, habré avanzado con mi anterior número o dilema".

4. Daymond John

Daymond es el fundador de la famosa línea de ropa, FUBU, y es el autor del *Power of Broke*.

"Tengo un conjunto de 10 objetivos. Las primeras siete metas son metas de 6 meses. El resto son metas a 5, 10 y 20 años. Ya que quiero que mis metas sean lo último en lo que pienso y sueño, me acostumbro a leer mis metas todas las mañanas y todas las noches. Escribo las siete metas en un pedazo de papel. Aunque cada meta tiene una fecha de vencimiento, incluyo algunos detalles de cómo alcanzaré cada meta. Las primeras cinco metas son de salud,

familia, negocios, relaciones y filantropía. Las siguientes dos son metas financieras personales y metas de proyectos de negocios. Cada meta está escrita en un lenguaje positivo. Por ejemplo, si mi meta es reducir mi peso a 170 libras para el 5 de julio, los pocos detalles serían comer pescado, beber ocho vasos de agua al día y hacer ejercicio dos veces al día. No incluirá evitar el alcohol, la carne y los alimentos fritos".

5. Yunha Kim

Yunha es la fundadora y directora ejecutiva de Simple Habit, una aplicación de meditación.

"Establecer límites de tiempo es uno de mis secretos del flujo de trabajo. A menudo tenemos listas interminables de cosas que hacer en una empresa como la nuestra. Por lo tanto, no es factible terminar una tarea de una sola vez".

13 inconvenientes de la gestión del tiempo de las personas de éxito

No es fácil manejar o maximizar su tiempo. Pero conociendo los consejos y trucos de las personas más exitosas de hoy en día, usted puede usar sus consejos o desarrollar sus estrategias de administración del tiempo. De esta forma, mejorará su productividad. Obtenga más información sobre diversos trucos poco convencionales para ahorrar tiempo a partir de los trucos de gestión del tiempo de algunas de las personas más exitosas del mundo.

1. Los correos electrónicos de los delegados de Sir Richard Branson

Sir Richard es el fundador del grupo Virgin. También es un magnate empresarial británico, inversor, autor y filántropo.

"Reviso los correos electrónicos de los lectores por la mañana. Paso algunos a los colegas, dicto los que tienen respuestas rápidas a mis asistentes. Pero escribo las respuestas más detalladas personalmente. Reviso mi correo electrónico en ráfagas para concentrarme en mis tareas actuales. Doy espacio a mis empleados en lugar de directivas. Me siento cómodo permitiéndoles asumir responsabilidades porque contraté a gente en la que confío".

2. Jack Dorsey crea temas cotidianos

Jack es el CEO y cofundador de los expertos en procesamiento de pagos de Square y de la compañía de medios sociales, Twitter. Dorsey dirige estas dos importantes empresas al mismo tiempo, dando cada día un tema. Dorsey pasa cada día de la semana para concentrarse en un área primaria en particular. Por ejemplo, los lunes pueden ser para el desarrollo de productos y los martes para funciones de gestión general. Los miércoles pueden ser días de búfer en los que usted responde a correos electrónicos y tareas de baja prioridad.

3. Mary Callahan Erdoes utiliza el calendario para la gestión diaria

"La mayor herramienta para gestionar el tiempo es la gestión del calendario. Concéntrate en controlar tu calendario. Haga una lista de lo que espera de los demás y de lo que los demás esperan de usted. Si no controla su calendario, terminará controlándolo a usted".

4. Barack Obama limita sus trajes

Barack Obama es el ex presidente de los Estados Unidos.

"Reduzco las decisiones usando sólo trajes azules o grises. Ya que tengo demasiadas decisiones que tomar, prefiero excluir la comida y no tomar decisiones, rebajando mis decisiones".

5. Jack Groetzinger rastrea su tiempo

Jack es el cofundador y CEO de SeatGeek.

"Tengo un tiempo estimado para cada una de mis tareas. Tengo un software que registra cuando comienzo y termino cada elemento de mi lista de tareas. Me esfuerzo por lograr una meta de eficiencia para cada día. Mi objetivo de eficiencia son los minutos reales divididos por los minutos esperados. Me divierto jugando con mi lista de cosas por hacer porque soy el dueño de todos los lugares en la clasificación".

6. Gary Vaynerchuk utiliza el tiempo de otras personas

Gary Vaynerchuk es entrenador de negocios y CEO de VaynerchukMedia.

"Escalo mi eficiencia en el tiempo usando a otras personas. Puedo concentrarme en mis prioridades personales y profesionales haciendo que otros hagan las tareas que se deben hacer. Una de mis asistentes trabaja a tiempo completo como mi entrenadora de salud. Él supervisa mi ejercicio y mi nutrición. El otro asistente me sigue y me filma. A medida que mi tiempo se vuelve más valioso, puedo contratar a un conductor de tiempo completo en lugar de esperar a que me lleven".

Consejo: Si no puede permitirse contratar asistentes a tiempo completo, puede contratar asistentes virtuales o subcontratar algunas de sus tareas.

7. Steve Ballmer crea un presupuesto de tiempo

Steve es el ex-CEO de Microsoft. Steve tiene una hoja de cálculo a la que pueden acceder sus ayudantes y en la que presupuesta tiempo para quienes necesitan hablar con él o reunirse con él. Por lo tanto, administra su tiempo dedicando la mayor parte de su tiempo a cosas importantes.

8. Adora Cheung es muy estricta con las reuniones.

Adora Cheung es la directora ejecutiva de Homejoy, una plataforma en línea que conecta a los clientes con los proveedores de servicios en el hogar. Adora envía un documento de Google Doc a los participantes potenciales de la reunión. Estos participantes anotan el orden del día de la reunión. Después de priorizar los temas, Adora no discute ningún plan que no esté en la lista.

9. Tony Hsieh usa Yesterbox

Tony Hsieh es el CEO de la famosa línea de zapatos y ropa, Zappos. Tony recomienda responder hoy a los correos electrónicos de ayer. Por lo tanto, los correos electrónicos de hoy no desordenarán su atención durante el día. Él llama a esta técnica "Yesterbox". Una aplicación capaz que puede ayudarle a alcanzar la bandeja de entrada cero se llama bumerán. Le ayuda a prestar la atención adecuada a los correos electrónicos específicos reenviando esos correos electrónicos a su bandeja de entrada como correos electrónicos nuevos en el momento especificado.

10. Arianna Huffington come fuera de su escritorio

Arianna Huffington es autora de 15 libros, fundadora del *Huffington Post* y fundadora y directora ejecutiva de Thrive Global. Ella recomienda *no* trabajar mientras se toman descansos para comer durante el día. *"Lleve a un colega y almuerce en una mesa lejos de su escritorio o vaya a una cafetería. Esto no debería llevar más de 20 minutos. Hacer esto recarga más que comer mientras se trabaja, que es lo que muchos de nosotros hacemos. Puede ser la diferencia entre tener un final productivo o improductivo del día".*

11. Mark Cuban utiliza el correo electrónico para la mayoría de las interacciones

Mark Cuban es un inversionista y empresario estadounidense. Es copropietario de 2929 Entertainment, dueño de los Dallas Mavericks (un equipo de baloncesto americano), y es inversor en "Shark Tank".

En lugar de perder el tiempo en largas reuniones o en largas llamadas telefónicas, Mark Cuban utiliza el correo electrónico para la mayoría de las conversaciones y se vuelve más productivo. *"El correo electrónico me ahorra horas todos los días. Sin llamadas telefónicas, sin reuniones, y yo establezco mi horario. A menos que esté recibiendo un cheque, todo lo demás es correo electrónico. Me encanta, y vivo de ella."*

12. Jeff Bezos usa la "Regla de las Dos Pizzas"

Jeff es el fundador, CEO y presidente de Amazon.com. También es inversor y donante de fondos de caridad. En lugar de perder el tiempo en reuniones, Bezos maximiza su tiempo al no asistir a grandes reuniones. Para él, una reunión es grande si dos pizzas no pueden alimentar a los participantes en las reuniones.

13. Nick Huzar aprovecha los domingos

Nick es el CEO y cofundador de OfferUp, que conecta a compradores y vendedores locales. *"Planifica tu trabajo y apégate al plan. Me aseguro de crear un período tranquilo para mí los domingos. Durante este período, examino cada departamento de OfferUp para determinar las prioridades del equipo. Luego, durante la semana, apoyo a cada equipo para implementar estas prioridades. Además, me encantan las rutinas. Con las rutinas, puedo eliminar las excusas. Por ejemplo, lo primero que hago todas las noches es empacar para el gimnasio del día siguiente".*

10 rutinas Matutinas de Emprendedores Innovadores

Comenzar bien el día es la clave de los días superproductivos. Sus acciones al comienzo del día determinarán si logrará resultados extraordinarios o mediocres. He aquí cómo diez empresarios altamente exitosos maximizan sus días desde el momento en que se levantan de la cama.

1. Crear una lista de tareas la noche anterior

"En días alternos, hago ejercicio durante una hora y corro hasta la oficina. Mientras estoy en la oficina, reviso mi lista de cosas por hacer de la noche anterior. Así, puedo identificar mis tareas más importantes y terminarlas antes que nada". - Barbara Corcoran, fundadora del Grupo Corcoran.

2. Empieza el día con la máxima energía

"Al levantarme temprano y jugar al baloncesto, empiezo con la energía y claridad adecuadas. Después de ducharme, tomo un desayuno de 3 huevos, lo que me llena de satisfacción y agudiza mi concentración. Luego, procedo a lograr una bandeja de entrada cero. Ayudo a mi equipo con cualquier desafío que se les presente. Por lo tanto, tengo una idea de mis retos para el día de hoy. Reflexiono en mi lista de tareas del día y las afronto de frente". - Tim Draper, socio fundador de DFJ - una legendaria firma de capital riesgo.

3. Elija una rutina que se ajuste a su tipo de personalidad

"Su tipo de personalidad puede ser emocional, social, de acción o práctico. Si usted es del tipo emocional, es sensible y puede ser introvertido. Por lo tanto, su rutina implicará mucho tiempo de tranquilidad e introspección. Si usted es del tipo social, su rutina diaria estará basada en las personas. Por ejemplo, le encantará hacer ejercicio en el gimnasio en presencia de al menos cinco personas. Si usted es el tipo de personalidad de acción, le encantará una rutina matutina de variedad. Le encantará comenzar el día con una combinación de jogging, jiujitsu, o leer varios libros, especialmente libros fuera de su industria. Las personas de tipo práctico aman una rutina diaria bien estructurada. El aspecto más importante de cualquier rutina es seguir su plan. Todos tendemos a tener una rutina matutina hasta que la vida sucede. Así que usa tu tipo de personalidad para determinar tu rutina matutina más

efectiva". - Tai López, inversionista y asesor de muchos negocios multimillonarios con un imperio en línea de ocho cifras.

4. Afine su cerebro

"Como sé que mi día será ajetreado y probablemente impredecible, empiezo el día nadando en la piscina. Luego, mientras tomo una taza de café, juego el crucigrama en el Los Angeles Times; esto raramente excede los 20 minutos. Luego, entro en mi oficina para empezar a trabajar." - Mark Sisson. Mark Sisson es el editor de marksdailyapple.com (un paleo blog), el autor más vendido del Nuevo Planeta Primario y el fundador del Planeta Primario.

5. Use la nutrición para encender su cerebro

"Bebo una onza de agua que contiene un mineral limpiador. Yo enjuago mi sistema bebiendo un cuarto de galón de agua purificada estructurada. Luego, despierto cada músculo con un hervidor de agua de 45 libras y 20 minutos de ropa turca. Proporciono a mi cerebro el último nutriente cerebral al tomar tres mililitros de fitoplancton marino vivo. Después de la ducha, utilizo 30 sprays de magnesio para aliviar mi abdomen antes de tomar un suplemento para reparar mis células. Como dos huevos de gallina orgánicos fertilizados en la granja y tres tipos diferentes de fruta para mi desayuno. Por último, me tomo una taza de batido verde". - Ian Clark. Ian es el fundador y CEO de Activation Products.

6. Ponga en marcha su metabolismo

"Después de levantarme de la cama a las 5:30 a.m., tomo 20 onzas de agua para poner mi metabolismo en acción. Escribo mi lista de gratitud por la mañana. Luego, determino mis dos prioridades principales para el día. Estas prioridades deben moverme en la dirección de mis metas antes de que pueda decir que mi día es increíble". - Jon Braddock, fundador y CEO de My Life & Wishes.

7. Verbalizar la intención de tu día

"Dedico unos minutos a mostrar gratitud por la salud y el cuerpo antes de levantarme de la cama. Entonces, expreso mi intención para el día. Al establecer las intenciones de mis metas, tomo un vaso de agua, enciendo algunas velas y sueño despierto. Reviso mis emails por si hay mensajes importantes antes de pasar al modo de trabajo".
- Elle Russ, entrenadora y autora de los libros más vendidos de Paleo Thyroid Solution.

8. Empiece temprano

"Me levanto a las 4:15 a.m. y paso 15 minutos de gratitud. A las 5 de la mañana, estoy en el gimnasio para tener una sesión de musculación con un entrenador personal hasta las 6 de la mañana. Entre las 6:30 y las 7:00 de la mañana, medito y me imagino cómo lograr mis metas y sueños. Paso 30 minutos (de 7:15 a.m. a 7:45 a.m.) con mi familia antes de empezar a trabajar a las 8 a.m.". - Adele McLay, autora, conferencista y consultora de crecimiento de negocios.

9. Empieza con la meditación

"Después de la meditación, utilizo mi diario de cinco minutos antes de hacer ejercicio y bebo un batido de proteínas. Entonces, ayudo a otros a mi manera. Ya sea haciendo una introducción importante, enviando una nota de agradecimiento por escrito o publicando un #ploughshare en línea. Paso algún tiempo escribiendo o dibujando imágenes. Por último, doy un paso importante para lograr mi objetivo". - Chris Plough, empresario en serie y asesor de empresarios.

10. Bloquear los momentos de soledad

"Siendo padre de niños pequeños, empresario y médico, mis días pueden volverse muy desordenados sin una planificación adecuada. Después de levantarme a las 6:30 de la mañana, paso un mínimo de 30 minutos en completa y tranquila soledad antes de tomar una taza

de café. Para entrar en el estado mental correcto, oro, leo algunos materiales educativos, reviso mis metas para ese día y practico la meditación consciente. Me comprometo fuertemente en un estado mental de pensamiento positivo para fomentar un inmenso poder en mi mente. Cuando no estoy en ayuno intermitente, mi desayuno suele ser ligero y consiste en unos cuantos suplementos nutricionales dependiendo de los resultados de mis análisis de sangre actuales. Entonces, maximizo el día trabajando con celo y energía". - Dr. Nick Zurowski, fundador del Centro de Salud NuVision.

Le animo a que utilice cualquiera de estas rutinas matutinas tal y como son o, lo que es más importante, que las modifique para que se adapten a su estilo de vida y así pueda disfrutar de mañanas más productivas y creativas.

Capítulo 7 - Recuperar el control del futuro

15 hábitos efectivos de gestión del tiempo
Si hubiera leído hasta aquí, ya habría identificado algunos hábitos de gestión del tiempo. Algunos fueron discutidos en el capítulo anterior como ejemplos de maestros de negocios, personas exitosas y empresarios innovadores. Otros han sido discutidos en capítulos anteriores. Por lo tanto, no se repetirán en este capítulo. En su lugar, descubrirá más consejos probados sobre la gestión del tiempo que podrá incorporar a su vida diaria.

1. **Aprenda a leer con rapidez**

Si bien no puede evitar que le arrojen toda la información, puede clasificarla y repasarla a su ritmo y a su debido tiempo. Aprender a leer con rapidez es una de las habilidades más importantes que puede desarrollar. ¿Ha tomado alguna vez un curso de lectura rápida? Si no, inscríbase ahora. Con las nuevas tecnologías ahora disponibles, usted puede leer hasta 1.000 palabras por minuto y comprender la mayor parte de lo que ha leído.

2. **Agrupe sus lecturas**

Imprima y archive información importante, resúmenes u objetos de valor. Alternativamente, puede compaginarlos en un archivo separado en su ordenador y leerlos más tarde. En lugar de perder el enfoque en su tarea actual, puede archivar esa información y leerla más tarde. Una vez que esto se convierta en un hábito, se sorprenderá de lo mucho que puede dar y de lo mucho que lee. Ya sea que esté leyendo la versión en papel o la versión electrónica de sus periódicos, lea lo que es relevante para usted. Cuando esté leyendo las noticias, tenga en cuenta que la mayor parte de la información siempre está en el titular y en el primer párrafo. La mayoría de las veces, rara vez es necesario leer los detalles restantes para entender la historia en su totalidad.

3. Sólo lea lo que es importante y relevante

El diseño de todas las revistas y periódicos es hacer que usted lea cada página de la revista o periódico. La razón es para que usted vea todos los anuncios en revistas o periódicos. Por lo tanto, usted debe leer lo que es importante sólo para usted. Después de revisar la tabla de contenidos, diríjase a la información que es relevante para su vida y su trabajo. La técnica "rip and read" es una técnica excepcional para los materiales impresos. Arranque y archive los artículos que desea leer. Luego, lleve el archivo con usted para leerlo durante los tiempos de espera. Del mismo modo, lea las reseñas de los libros antes de dedicar tiempo a leer el libro completo. Usted puede obtener la esencia principal del libro leyendo la reseña del libro. En lugar de recorrer la web para leer reseñas, es más conveniente suscribirse a los servicios de reseñas de libros.

4. Organice su entorno de trabajo

Para muchas personas, creen que un ambiente de trabajo y un escritorio desordenados ayuda a su eficiencia de trabajo. Sin embargo, varias investigaciones han demostrado que cuando la gente trabaja en un ambiente limpio y ordenado y se concentra en una sola tarea, su productividad casi se triplica instantáneamente. Las personas con un ambiente de trabajo desordenado pasan mucho tiempo buscando los materiales que necesitan para trabajar eficazmente. Psicológicamente, un ambiente de trabajo desordenado afirma su creencia de que carece de organización. Por lo tanto, usted está continuamente distraído por todos los artículos que está viendo.

5. Maximice sus mañanas

Ponga su reloj despertador un par de horas antes de lo normal cuando tenga fechas límite que cumplir y proyectos que completar. He encontrado que esto es más efectivo que tratar de trabajar extra en la noche cuando estás demasiado cansado para concentrarte. Usted puede obtener algo de tiempo dedicado yendo a la cama una hora antes de su hora habitual. En las primeras horas de la mañana, su mente está alerta, usted está fresco, la casa está tranquila, y usted está en la productividad máxima. Pase esta hora extra en un elemento de su lista de tareas. Media hora más temprano en el día son 23 días adicionales durante el año. Esto es tan bueno como ganar tiempo. ¡Imagine eso!

6. Haga un mapa de sus comidas semanales

Considere sus horarios, ocasiones especiales y artículos en la lista de compras para planear su comida para la semana. Recuerde revisar la despensa para asegurarse de que todos los ingredientes para los artículos de su lista de compras estén completamente disponibles. Además, vaya al supermercado con un plan adecuado, no debe haber compra por impulso. Cuando usted se acostumbra a planear su comida una vez a la semana, no perderá el tiempo pensando en qué comer. Un beneficio adicional es que usted come más saludablemente.

Usted puede aplicar el plan de comidas semanal a otros aspectos de su vida. Por ejemplo, elija un día para planear la ropa que va a usar durante la semana. Luego, asegúrese de lavarlas y prepararlas para su uso.

7. Estar en el presente

Abandone todo su equipaje del día anterior en el pasado. No permita que los fracasos, las vergüenzas, las pérdidas, las decepciones y los errores del día anterior afecten la alegría que probablemente experimentará hoy. Comience su día esperando experimentar un día de construcción de relaciones, satisfacción y éxito. Maximice su tiempo para disfrutar del mejor rendimiento en cada día de su vida.

8. Establezca reglas para su tiempo

Establezca reglas para su tiempo al crear su horario. Apague su teléfono celular durante el tiempo de espera, por ejemplo, durante el desayuno. Reservar bloques de tiempo que no estarán disponibles para las personas y los dispositivos.

9. Audite su tiempo

Evalúe sus hábitos actuales de gasto de tiempo durante los próximos siete días. Registre sus actividades en un diario o en su teléfono. Divida sus actividades en bloques de una hora. Luego, conteste las siguientes preguntas:

- ¿Qué logró?
- ¿Fue una completa pérdida de tiempo?
- ¿Pasó el tiempo a su satisfacción?

Use la matriz de prioridades discutida en el capítulo cuatro para registrar sus actividades en el cuadrante apropiado. Sume los números después de siete días. Entonces, ¿qué cuadrante pasaste la mayor parte del tiempo? No se sorprenda por su respuesta.

10. Elimine sus malos hábitos

Los malos hábitos son uno de nuestros mayores derrochadores de tiempo. Esos malos hábitos eliminan nuestro precioso poco tiempo. Por lo tanto, si usted es serio acerca de lograr grandes metas en su vida, y pasa su tiempo sabiamente, asegúrese de eliminar esos malos hábitos. Ejemplos de hábitos de pérdida de tiempo incluyen salir a beber con los amigos con frecuencia, jugar juegos, navegar excesivamente en los medios de comunicación social, y mirar en atracones de Netflix.

11. Encuentre un mentor

Cuando usted no tiene a nadie que lo guíe, puede distraerse y sentirse rápidamente desmotivado. Pero es más fácil mantenerse al día con su tiempo cuando puede confiar personalmente en alguien que ha pasado por el mismo proceso. Por lo tanto, esa persona puede ayudarlo a alcanzar sus metas rápidamente.

12. No espere la inspiración

Usted está perdiendo el tiempo esperando para comenzar un proyecto. Ya que no hay un momento perfecto para hacer nada, deseche las excusas que le impiden comenzar. Aunque no estoy sugiriendo que sea impaciente, debe identificar lo que pretende lograr y tomar medidas inmediatas para lograrlo.

13. Participar en pasatiempos

Los pasatiempos se involucran en partes de su cerebro que no usa para trabajar. Así, usted se vuelve más creativo y puede resolver problemas con facilidad. Usted puede alcanzar el éxito si pasa algún tiempo fuera de su zona de comodidad. Si usted es un desarrollador de software, salga y socialice. Si usted es pianista, practica artes marciales. Si es abogado, aprende a bailar.

14. Disfrute su tiempo

No se obsesione por marcar todas las tareas de su lista de tareas. Equilibre su trabajo y su vida para disfrutar de su día. No vale la pena completar una carga de trabajo sobredimensionada un día sólo para tener un día improductivo y quemado al día siguiente. Trabaje a su mejor ritmo. Cuando usted se apresura a realizar tareas, se estresa y produce un trabajo deficiente.

15. Meditar

Unos minutos de meditación pueden mejorar su concentración y calma. De esta manera, su trabajo se vuelve más eficiente y su contribución es más significativa. Además, la meditación devuelve la mente al presente para ayudarlo a evitar varias distracciones. Cuando su mente está en el presente, puede lograr mucho más en poco tiempo. La meditación mejora su conciencia. Por lo tanto, rara vez cometemos errores en el trabajo, y usted ahorra el tiempo que se supone que debe usar para corregir sus errores. La meditación también puede fortalecer su intuición. Una fuerte intuición mejora su capacidad de toma de decisiones y, en consecuencia, le ahorra tiempo.

Vencer al perfeccionismo de una vez por todas

Aunque nuestro mundo actual espera que seamos perfectos en todo momento, esto no significa que el perfeccionismo sea el camino hacia una vida exitosa. Como un trastorno obsesivo-compulsivo, su deseo de perfección puede arruinarlo. Y como hace que pierda la perspectiva a medida que se introduce más en ella, entorpece a los que lo rodean. Ya que ninguno de nosotros puede llegar a ser perfecto, sólo se estará volviendo loco, tratando de alcanzar una meta difícil de alcanzar. El perfeccionismo puede llevar a la depresión. Una investigación de Sydney Blatt, psicóloga de la Universidad de Yale, demostró que los perfeccionistas tienen más probabilidades de suicidarse que la gente común.

Para evitar la trampa perfeccionista, implemente estos siete pasos probados:

1. La práctica fracasa

Hacer ejercicios donde es probable que falle es una de las maneras más efectivas de derrotar al perfeccionismo. Por lo tanto, aprenda una nueva habilidad que requiere muchas caídas y vergüenza. Le enseñará que la tolerancia al fracaso, la autocompasión y la paciencia son parte de la curva de aprendizaje.

Por ejemplo, me uní a un grupo de remeros de carreras a pesar de haber estado en una tabla de paddleboard sólo un par de veces. Este grupo consiste en personas que reman por lo menos 21 millas en el océano y realizan esos giros de 360 grados en sus tablas. Pasé la mayor parte de la noche en el agua y no en ella, pero ahora me siento más cómodo con el fracaso. Me doy cuenta de que el mundo no se acabará porque soy la peor persona de un grupo de atletas. Haré todo lo posible para traducir esta lección a otras áreas de mi vida, donde estoy ansioso o deprimido debido al perfeccionismo.

2. Diferenciar entre metas y sueños

Como es muy probable que no ocurran, las grandes ideas suelen crear mucha angustia. Por ejemplo, uno de mis amigos solía soñar con jugar al baloncesto profesional. No hay nada malo en tener un sueño, ¿verdad? Pero empezó a tener problemas de comportamiento porque fue colocado en el equipo C de su equipo de baloncesto. Cuando se porta bien, practicará sus lanzamientos y mejorará sus técnicas durante horas diarias. Pero siempre juega mal en los partidos porque se presionaba demasiado a sí mismo. Cuando siento que mis expectativas pesaban demasiado en mí, normalmente escribo mis metas en un pedazo de papel. Entonces, tacharé las que son realistas. Pero voy a retocar a los tontos para evitar ponerme bajo una presión indebida.

3. Ser un buen trabajador

A menudo se dice que la gente inteligente toma atajos. Sin embargo, saber qué atajos cortar es el arte de ser una estrella. Por lo tanto, la salida es analizar su meta con toda honestidad críticamente. Luego, identifique cualquier perfeccionismo en el plan para cada propósito. La mayoría de las veces, nos escondemos bajo el perfeccionismo para evitar tomar acciones para lograr nuestras metas reales. La verdad es que se necesita un plan adecuado, trabajo duro y un poco de suerte para lograr cualquier intención real. Pero la mayoría de los perfeccionistas no están de acuerdo en que la suerte está involucrada en alcanzar cualquier meta.

4. Manténgase a raya

Manténgase a raya cuando sus dudas sean más reales, o cuando empiece a tener razones para creer a su crítico interior. Use estas preguntas para darse una idea de la realidad:

- ¿Están mis pensamientos basados en hechos, o son producto de mi imaginación?
- ¿Por qué estoy haciendo veredictos desfavorables?

- ¿Es la situación tan mala como la imagino?
- ¿Qué es lo peor que puede pasar? ¿Es probable que suceda?
- ¿Será esto importante en los próximos cinco años? ¿Será esto un problema en momentos vitales de mi vida? Ejemplos de momentos esenciales incluyen el parto, el traslado a otra ciudad o el traslado al extranjero.

Para cuando termino de contestar estas preguntas, a menudo me doy cuenta de que sólo estaba tratando de validar varias falsedades en mi cabeza. A veces, incluso me olvidaba de cómo llegué a este estado aterrador en primer lugar. Además de tranquilizar nuestra autoestima, esta prueba de realidad también hace que seamos menos dependientes de los demás para los cumplidos afirmativos.

5. Sea amable con usted mismo

Como perfeccionista, a menudo críticas a los demás. Es un hecho probado que esta crítica es un mecanismo de defensa. Te hace escoger los defectos de los demás en lugar de aceptar esos defectos en ti mismo o aceptar que ningún ser humano es perfecto. Cuanto más identifique sus debilidades, más las buscará en los que lo rodean. Hace esto porque ha creado una imagen ideal de la persona y la vida perfecta, pero no puede separar esta versión idealizada de la realidad. Una manera simple y efectiva de reducir este hábito significativamente es ser amable con uno mismo. Cuando le gusta su yo "imperfecto ", es mucho menos probable que sea la persona irritable que analiza críticamente a los demás.

Así que, intente decir una cosa que le guste de usted cada mañana. Puede ser algo sobre su cara o un poema sobre usted. Cada vez que sienta que necesita un estímulo durante el día, repita esta afirmación. Tenga en cuenta que nada le impide utilizar la misma declaración todos los días o tener siete afirmaciones diarias. Así, sólo se repite una afirmación cada siete días. En lugar de vivir una vida implacable, encerrada y de corazón duro, empieza a ser amable con usted mismo.

6. Rechazar el miedo

¿Tiene miedo de...?

- La elección de un socio,
- Tomar una decisión de vida equivocada o
- ¿Empezar un nuevo proyecto?

Si es así, entonces, usted está exhibiendo algunos de los rasgos de un perfeccionista. Todos los factores anteriores tienen un tema común: el miedo al fracaso. Por lo tanto, dependemos de otros para que nos guíen y tomen nuestras decisiones por nosotros. Pero negarse a permitir que el miedo dicte sus movimientos o su elección es una de las mejores maneras de combatir tal comportamiento.

Una manera de desarrollar el hábito de prevenir el miedo a conducir es automatizar el inicio de la secuencia. Por ejemplo, un jugador de baloncesto está listo para levantarse y disparar como lo ha hecho cien veces al día durante la práctica, llegando a la línea de tiro libre, tocando sus calcetines, shorts, recibiendo la pelota y haciéndola rebotar exactamente tres veces.

Del mismo modo, un golfista profesional puede estar charlando con el encargado del marcador, un oficial amistoso, su compañero de juego o su caddie mientras camina por el fairway. Pero en el momento en que se pone detrás del balón y respira hondo, se dice a sí mismo una sola cosa: concéntrate.

En cada uno de estos ejemplos, los atletas pudieron reemplazar la duda y el miedo con comodidad y rutina. Podrían hacerlo porque han aprendido a automatizar el inicio de su secuencia. En lugar de fingir que no estoy de humor porque tengo miedo de empezar, empiezo con el paso más pequeño hacia la meta.

7. Esté orgulloso de sus logros

Cuando éramos jóvenes, esbozamos en qué nos proponemos convertirnos en el futuro. Sin embargo, la mayoría de nosotros nunca llegamos a ser lo que hemos dibujado. En lugar de ser un astronauta o ingeniero petroquímico, usted es probablemente un barista que apenas pasa tiempo con sus seres queridos porque trabaja durante largos períodos. Como perfeccionista, tiene que aceptar ese hecho. Deje de compararse con otros que piensan que no ha logrado lo suficiente o es posible que nunca consiga nada. En su lugar, esté cómodo en su piel y esté orgulloso de sus logros.

Cree una lista de sus logros en la última semana, mes o año. Incluso las cosas simples cuentan. El libro que terminó, ese pequeño proyecto que completó con su equipo o el mantenimiento de una casa limpia. Estos son sus logros sin ser el neurocirujano que imaginaba cuando usted tenía cinco años.

Como cualquier cambio, la confianza y el autoexamen son algunos de los requisitos para dominar cualquier tendencia perfeccionista. Pero si se encuentra con desafíos en el camino y parece que no estás avanzando, no se castigue ni se lo tome en serio. Encuentre los medios para tener éxito y disfrute del proceso. Tenga en cuenta que usted es el único responsable de su éxito o fracaso. Así que, no se rinda.

Herramientas y técnicas para recuperar el tiempo para siempre

Nunca había escuchado alguna o todas estas frases:

- Los correos electrónicos que inundan mi bandeja de entrada me están haciendo perder la concentración.
- Déjame ver mi feed en los medios sociales. ¡No tardará 5 minutos!

Si usted ha escuchado alguna de estas frases, entonces, usted sabe que la persona carece de un manejo adecuado del tiempo. La gestión del tiempo implica la organización de tareas y la asignación de tiempo a actividades específicas (profesionales o personales).

Antes de profundizar en estas herramientas y técnicas, recuerde que las tareas, el tiempo, las personas y la información son las cuatro áreas clave para cualquier sistema de gestión del tiempo que tenga éxito. Por lo tanto, usted debe tener cualquiera de estas cuatro herramientas esenciales:

- **Cuaderno de notas**

Un buen cuaderno es el que con más frecuencia falta también en los sistemas de gestión del tiempo de las personas. Sí, es bueno tener un montón de post-its o un bloc de papel en su escritorio. Pero debería guardar todas sus notas en un solo lugar. Por lo tanto, cuando necesite recuperar cualquier información, puede ir a ese lugar.

- **Libreta de direcciones**

La mayoría de la gente no ve el valor de una buena libreta de direcciones porque ahora vivimos en un mundo superconectado. Sin embargo, cuando necesite conectarse con un contacto valioso, LinkedIn, Instagram, Facebook o Twitter pueden decepcionarlo. Su mejor opción es guardar todos los números de teléfono y direcciones de correo electrónico de los contactos en un lugar seguro y tratarlos como si fueran de oro.

- **Calendario**

Si no sabes cómo y dónde pasar tiempo, sería difícil manejarlo. Es más fácil para usted programar, planificar y hacer un seguimiento de su tiempo con un buen calendario. No sólo puede hacer un seguimiento de la hora de sus reuniones, sino que también puede hacer un seguimiento de la hora de sus tareas y proyectos.

- **Lista de cosas por hacer**

Una buena lista de tareas es la piedra angular de cualquier sistema de productividad. Esta herramienta de gestión única debería completar su arsenal de herramientas. Sin embargo, no olvide releer las razones comunes por las que las listas de tareas fallan en el Capítulo 3 de este libro.

Por lo tanto, usted puede evitar cometer esos errores con su lista de cosas por hacer. Por último, su lista de cosas por hacer debe estar con usted todo el tiempo. Revise su kit de herramientas de administración del tiempo para asegurarse de que tiene las cuatro herramientas esenciales de administración del tiempo.

Cuando usted puede planear y realizar sus rutinas diarias dentro de los marcos de tiempo especificados, entonces, usted es un buen administrador del tiempo. De esta manera, usted puede llevar a cabo sus actividades con un compromiso más significativo. Afortunadamente, la tecnología ha hecho posible optimizar cada minuto del día. En esta sección, descubrirá siete herramientas y técnicas que utilizo, y estoy convencido de que mejorarán sus habilidades de gestión del tiempo y su productividad.

1. Un sistema de gestión del tiempo

Una correcta organización de sus tareas diarias es uno de los pasos que puede dar para mejorar su productividad y no apestar en la gestión del tiempo. En cualquier proceso de autoorganización, la creación de listas de tareas es un paso esencial. Es posible que tenga que probar algunos métodos de la lista de cosas por hacer para descubrir cuál es el más adecuado para usted. Su lista de cosas por hacer podría ser una versión electrónica elegante en su dispositivo móvil u ordenador. Pero se puede hacer con papel y lápiz a la antigua, que se marca después de completar cada tarea.

Una visión general de cada actividad significativa es su primer paso cuando tiene proyectos de alto nivel. A continuación, puede dividirlos en tareas específicas y organizarlos en el orden en que deben realizarse. No olvide añadir fechas límite a cada tarea.

Estos son tres ejemplos de sistemas que puede utilizar

- **The Now Habit por Neil Fiore.** Este sistema le enseña a usar un orden inverso para construir su lista de tareas. Llene su calendario con tiempo libre realista, actividades comprometidas y tareas programadas. A continuación, utilice diferentes estilos de vida y reglas de programación para asignar sus tareas a los tiempos restantes.
- **La versión final de Mark Forster.** De la lista de tareas, usted ha escrito para el día, lo ha repasado e identificado la tarea más importante. Complete esa tarea, luego, identifique la siguiente tarea más importante. Complete y repita el proceso hasta que culmine toda la tarea para ese día.
- **Getting Things Done por David Allen.** Realice una descarga cerebral de sus tareas en papel. Luego, reordénelos en orden de importancia. A continuación, fije una fecha límite para la finalización y póngase a trabajar. Revise sus planes de ejecución periódicamente y, cuando sea necesario, haga ajustes.

2. Lista de palabras clave

Con Wunderlist, puede crear listas de tareas, organizarlas en carpetas y configurar recordatorios para que le avisen cuando la fecha límite esté próxima. Wunderlist tiene una interfaz de usuario encantadora, y todas sus características funcionan eficazmente en todos los dispositivos (teléfono móvil, tableta u ordenador).

3. Remember the milk

El plan gratuito le permite crear tareas y sincronizarlas en cualquier plataforma, incluyendo sus correos electrónicos. De este modo, puede acceder a sus tareas en cualquier momento. Perfecto para gestionar tareas personales, Remember The Milk está disponible para Android e iOS.

4. RescueTime

¿Siempre siente que el tiempo pasa muy rápido y que es casi imposible para usted completar sus actividades diarias? Entonces, la aplicación RescueTime es su mejor opción. Con él, puede realizar un seguimiento de sus tareas en línea. Mida su progreso y descubra el tiempo que pasa postergando.

5. Todoist o Trello

Todoist es una aplicación basada en la nube y una aplicación móvil. Puede acceder a sus tareas Todoist en múltiples sistemas operativos e incluso compartir sus tareas con otros colegas. Además, muestra los plazos de entrega. Usted puede jugar fácilmente con las características porque tiene un diseño intuitivo. Primero, escriba su proyecto, luego divídalo en tareas específicas y adjunte una fecha límite a cada una de ellas. Ahora, asigne un nivel de prioridad a cada tarea (hay cuatro niveles de prioridad). Puede mover las tareas para que se adapten a su tiempo disponible.

Si tiene un equipo pequeño, puede utilizar Trello para visualizar los proyectos de su equipo. Dentro de Trello, puede asignar tareas a cada miembro del equipo, crear juntas que representen proyectos y crear varias listas dentro de cada junta. Hay una serie de tarjetas para cada lista. Las cartas representan tareas. Por ejemplo, puede crear una pizarra para un proyecto específico, dividir la pizarra en listas (las etapas del proyecto) y, a continuación, organizar las tareas de cada individuo en una serie de tarjetas.

6. Pausas de relajación

Usted debe tomar tiempo de su trabajo; esto aumentará su productividad. Después de un período de concentración sostenida, su cuerpo necesita una liberación, y su mente necesita un tiempo muerto. A veces, desarrollas ideas frescas a partir de tu tiempo muerto. La mejor manera de ayudar en este proceso es caminar 5 minutos desde su lugar de trabajo. Si usted no toma descansos intencionalmente, su mente lo hará por usted vagando cuando esté cansado.

Utilice la aplicación FocusMe para establecer pausas obligatorias o recordatorios de pausas.

7. Técnica de gestión de procesos

Cuando usted tiene tareas personales o tareas de negocios, entonces, las herramientas y técnicas de administración del tiempo discutidas anteriormente son excelentes. Sin embargo, cuando su negocio crece, y usted necesita manejar procesos masivos o tiempo de equipo, entonces, la técnica de administración de procesos es un sistema más efectivo. Esta técnica traza el mapa de las operaciones primarias de una empresa y establece plazos para cada tarea. Además, añada una configuración de alertas que sirve como base de priorización. Así es como funciona la configuración de alertas para una tarea de reserva de pasajes aéreos:

- La persona a cargo recibe un correo electrónico cuando usted alcanza el 50% del plazo de la tarea.
- Verá un indicador visual rojo cuando llegue al 70% de la fecha límite de la tarea.
- Al 80% de la fecha límite de la tarea, la persona a cargo recibe un nuevo mensaje.

8. Evernote

Esta herramienta gratuita de productividad le permite organizar sus imágenes, pensamientos e ideas en varios formatos (audio, texto o imágenes). También puede grabar sus discursos, entrevistas y reuniones. Incluso puede compartir sus archivos adjuntos de voz o texto con sus amigos. Optimiza su tiempo sincronizando la aplicación Remember The Milk con Evernote. Podría decirse que una de las características más útiles y populares de Evernote es su cortadora de web. Esto es similar a los marcadores de los navegadores web. Web Clipper le permite "recortar" párrafos de texto, imágenes o páginas web enteras a Evernote. Los elementos recortados pueden organizarse, almacenarse y buscarse como notas normales. Incluso puede añadir anotaciones a los elementos "recortados" en Evernote. Usted puede vincular Evernote con Gmail, Outlook, Google Drive, equipos de Microsoft, Salesforce, Slack y la mayoría de las otras aplicaciones en su dispositivo móvil o PC.

9. MyLifeOrganized (MLO)

Si usted tiene dificultad para organizar sus objetivos, trabajar con su lista de tareas o gestionar todas sus tareas, esta aplicación es su mejor opción. Esta herramienta de productividad le ayuda a centrarse en los pasos reales para lograr sus objetivos. Considera las prioridades establecidas (urgencia, importancia, fecha de inicio y plazos de finalización) para identificar automáticamente la primera tarea.

Conclusión

Usted puede convertirse en un maestro del tiempo cuando practique las técnicas y utilice las herramientas recomendadas en este libro. Recupere su tiempo del trabajo ocupado, tenga más horas para pasar con sus seres queridos y mejore su vida personal. La razón principal por la que hemos mejorado nuestras habilidades de gestión del tiempo es para aumentar nuestra experiencia de placer, felicidad y la calidad general de nuestras vidas. Tres cosas determinan en gran medida la calidad de su vida:

- Vida interior
- Salud
- Relaciones

- **La vida interior** implica sentirse bien con su personalidad y carácter, quererse y llevarse bien con usted mismo. Se necesita tiempo y reflexión para mejorar su vida interior.
- **Salud.** Ningún nivel de éxito vale la pena tener una mala salud. La mayoría de las veces, el mejor uso de su tiempo implica irse a dormir temprano y tener una buena noche de sueño. Además, tómese un tiempo para descansar adecuadamente, hacer ejercicio regularmente y comer los alimentos adecuados.
- **Relaciones.** Haga tiempo para sus seres queridos. Las personas más influyentes en tu vida son las que te importan y las que se preocupan por ti. Por lo tanto, no se deje atrapar en tantas cosas a expensas de las relaciones vitales con sus seres queridos. Una vida equilibrada es una gran vida. Usted encontrará mayor satisfacción y alegría al mejorar la calidad de su vida. Permítanme dejarles con las palabras de un viejo y

sabio doctor. "Habiendo hablado con mucha gente cuando están a punto de morir, ningún hombre de negocios en su lecho de muerte deseaba pasar más tiempo en su oficina."

Usted acaba de aprender pasos y estrategias probadas para administrar su tiempo de manera eficiente y efectiva. Esto significa que ahora puede mejorar su productividad y alcanzar sus objetivos. Aun así, guardar toda esta información en su cabeza no le servirá de nada si no la aplica. Por lo tanto, le animo a que vuelva al capítulo 1 e identifique las razones por las que está fallando en la gestión del tiempo. Luego, revise los pasos en los capítulos siguientes y comience a implementarlos de inmediato.

Cuando implemente los pasos y estrategias de este libro, verá una marcada mejoría en su vida. Tendrá más control y tiempo para usted. Comience cada día con un logro que le dé energía. Esto puede ser un entrenamiento físico o una meditación.

Al principio, la implementación de estas técnicas puede hacer que se sienta incómodo. Pero las recompensas pueden hacer que su día sea altamente productivo. Experimentará una mayor confianza porque será más enérgico. Una vez que sus planes y actividades semanales se conviertan en un hábito, desafíese a crear un plan mensual.

Con el tiempo, usted debe desarrollar un plan de 3 meses, 6 meses y un plan anual. Tómese un fin de semana libre al final del año para reflexionar sobre el año anterior y planificar para el nuevo. Asegúrese de programar sus eventos, vacaciones y proyectos en su plan anual. Planificar su futuro con un plan bien diseñado puede calmar sus nervios en este mundo de incertidumbre.

Cuando usted está a cargo de su tiempo, ha mejorado la confianza que es notable para los demás. Ahorrar tiempo implica invertir algo de tiempo para planificar, hacer cambios y mejorar su vida. El consejo más significativo que puedo darle en este momento es: ¡no se pierda en la maleza! Con esto, quiero decir, no se pierda en cada pequeño detalle.

Para ser bueno en el manejo de su tiempo, es necesario que tome medidas en lugar de tratar de poner en orden hasta el último detalle. Incluso si usted se siente inseguro acerca de si está haciendo las cosas correctamente o no, es mucho más importante comenzar. No puedo enfatizar esto lo suficiente. Prometo que los resultados vendrán con un poco de práctica y experiencia. Eso es lo único que lo separa de alcanzar las metas que desea. No se preocupe si todo es 100% perfecto o si se siente escéptico de si esto funcionará o no para usted. Sólo hágalo. Todas estas excusas no harán más que frenar su crecimiento. Actúe ahora, no mañana. Su éxito depende de la acción que tome hoy.

Voy a desafiarte a que seas responsable. Llame a un amigo de confianza y comparta su objetivo de una mejor administración del tiempo. Así es, usted tendrá que rendir cuentas. Porque esta vez no va a fallar. Esta vez va a mejorar en la gestión de su tiempo. No importa quién sea usted, puede administrar su tiempo con mayor eficiencia. Usted lo merece. Así que, adelante, empiece ahora, ¡porque le espera una mayor productividad y una vida mejor!

Alto a la procrastinación

¿Tienes mil ideas y proyectos sin terminar? Descubre cómo hacer el cambio en tu mente e incrementa tu productividad x 10. Incluso si eres un flojo sin remedio

Tabla de Contenidos

INTRODUCCIÓN 125

CAPÍTULO UNO: VENCER A LA PEREZA 129
  7 TÁCTICAS PARA VENCER A LA PEREZA 130
  10 ALIMENTOS ESENCIALES PARA ESTIMULAR LA ENERGÍA 134
  5 TRUCOS PARA ENERGIZARSE Y MANTENERSE ENERGIZADO 138

CAPÍTULO DOS: AUMENTAR LA PRODUCTIVIDAD 140
  MÉTODO ZEN TO DONE (ZTD) 141
  8 APLICACIONES DE PRODUCTIVIDAD QUE NECESITAS EN ESTE MOMENTO TU VIDA EN 145
  12 HÁBITOS DE RUTINA MATUTINA PARA LA PRODUCTIVIDAD 148

CAPÍTULO TRES: ENCENDER TU FUERZA DE VOLUNTAD .. 152
  ¿QUÉ SABER SOBRE LA FUERZA DE VOLUNTAD? 152
  10 PODEROSAS ESTRATEGIAS PARA AUMENTAR LA FUERZA DE VOLUNTAD 153
  12 TRUCOS GENIALES PARA SENTIRSE INSTANTÁNEAMENTE MOTIVADO 157

CAPÍTULO CUATRO: DOSIS DIARIA DE AUTODISCIPLINA .. 165
  10 CONSEJOS IMPORTANTESPARA DESARROLLAR UNA FUERTE AUTODISCIPLINA 166
  7 PRÁCTICAS DIARIAS PARA MANTENER LA AUTODISCIPLINA 171
  20 AFIRMACIONES POSITIVAS PARA INSPIRAR AUTODISCIPLINA 174

CAPÍTULO CINCO: LOGRAR LA CONCENTRACIÓN 176

10 EJERCICIOS DE ATENCIÓN PARA AUMENTAR LA CONCENTRACIÓN 176

5 EJERCICIOS DE PLENA ATENCIÓN PARA DESARROLLAR CONCENTRACIÓN 179

10 MANERAS DE DERROTAR LAS DISTRACCIONES 181

7 ALIMENTOS QUE PUEDEN AYUDAR A AUMENTAR TU PODER MENTAL 184

CAPÍTULO SEIS: DERROTAR LOS MALOS HÁBITOS 187
12 MALOS HÁBITOS QUE ESTÁN MATANDO TU PRODUCTIVIDAD 188

6 MANERAS DE ELIMINAR INMEDIATAMENTE LOS MALOS HÁBITOS 191

6 MANERAS DE CREAR GRANDES HÁBITOS PERMANENTES 197

CAPÍTULO SIETE: DOMANDO LA MENTE 200
12 CONSEJOS INDISPENSABLES PARA DEJAR DE PENSAR DEMASIADO Y CONTROLAR TU MENTE 202

7 TÉCNICAS PARA VENCER EL MIEDO AL FRACASO 206

6 SECRETOS PARA CREAR UNA MENTALIDAD DE ÉXITO .. 209

CAPÍTULO 8: PLANIFICANDO PARA TU ÉXITO 212
6 TÉCNICAS PARA TENER ÉXITO EN ESTABLECER TUS METAS 213

5 CONSEJOS POCO CONOCIDOS DE EXPERTOS PARA ESTABLCER METAS 215

7 PASOS IMPORTANTES PARA PLANIFICAR EL ÉXITO 221

PLAN PASO A PASO DE 30 DÍAS PARA AYUDARTE A CREAR HÁBITOS Y AUMENTAR TU PRODUCTIVIDAD 224

CONCLUSIÓN 239

INTRODUCCIÓN

El éxito y el fracaso en la vida pueden atribuirse a un hábito cultivado o al otro. Lo que compone tus actividades diarias, los pequeños mecanismos sobre los que se mueve tu vida determinarán en última instancia cuánto terminarás logrando. Los hábitos se convierten en una rutina diaria, y estas rutinas gobiernan nuestras vidas. Todos estos hábitos se han ido formando a lo largo del tiempo, a través de una práctica constante y dedicada. En esta era moderna, la procrastinación se ha incrustado en nuestro ADN. El hábito de postergar las cosas le ha quitado a la mayoría de las personas el éxito abrumador en la vida, mientras que las persuade con recompensas a corto plazo para que se sientan bien por sólo vivir el momento. La procrastinación es un asesino de sueños; un veneno lento que seca tu celo por alcanzar tus metas y te deja revolcándote en la mediocridad. La dilación o procrastinación es cada promesa que te hiciste a ti mismo pero que terminaste rompiendo. Es cuando dejas que las metas que tienes se alejen debido a la falta de motivación. La postergación es el obstáculo que te impidió llegar al lugar en el que te habías imaginado hace cinco años.

La dilación, incluso en su simplicidad, es compleja. No te dejes engañar. En este libro, voy a explicar el concepto de procrastinación en detalle. Para que le puedas hacer frente, tendrás que entender el mecanismo en el que funciona. Una vez que el mecanismo se entienda completamente, entonces se pueden poner en marcha técnicas para interrumpirlo. A lo largo de los capítulos de este libro, te revelaré varios trucos y tácticas usadas por las personas más productivas para superar la dilación. Te enseñaré a hacer buen uso de tu fuerza de voluntad y a mantenerte motivado durante todo el proceso. Sólo necesito que creas que la procrastinación puede ser derrotada y te verás trabajando para superarla.

Soy un instructor de autoayuda con más de cinco años de experiencia en ayudar a las personas a superar los mayores obstáculos para el éxito. A través de los años, he notado que el obstáculo más sutil y peligroso ha sido la procrastinación. Los clientes se acercan y se quejan de cómo han puesto en práctica todos los hábitos de éxito pero no lo han logrado. Parece que olvidan la importancia del tiempo, que es un ingrediente crucial para el éxito. Prepararse para un examen con un mes de anticipación no producirá los mismos resultados que con solo dos días de anticipación. La razón de esto último se debe principalmente a una mentalidad de procrastinación. Es por eso por lo que decidí escribir este libro para ayudar a la gente a identificar los problemas de la procrastinación que obstruyen su estilo de vida.

¡Ahora! Sólo unas pocas personas entienden el poder de esa palabra que encapsula el presente, el proceso de maximizar el hoy. Las oportunidades cotidianas se presentan de manera engañosa. Algunas se identifican rápidamente, y otras necesitan de mucha atención para identificarlas. Sin embargo, aprovechar estas oportunidades es una cosa, maximizarlas en el mismo instante en que se encuentran es otra. Una vez que la procrastinación es atenuada, instantáneamente comienzas a cosechar los beneficios del ahora. Deshacerse de la dilación es simplemente deshacerse de las pesas que te impiden actuar cuando sabes que debes actuar. Cada oportunidad que se te escapa o las ideas que cuelgan en tu cabeza está vinculada a una fecha límite. Una vez que se ha perdido el plazo, se pierde el éxito abrumador de esa oportunidad. Y a veces no volveremos a encontrarnos con tales oportunidades nunca más. Estoy seguro de que esto te ha pasado alguna vez. No te preocupes. Pronto aprenderás a vencerlo.

Cada nuevo día para mí viene con un nuevo testimonio de alguien que se ha tomado el tiempo para escuchar y aplicar algunas de las técnicas que pongo en sus manos. De vez en cuando recibo llamadas de personas que se alegran de haber asistido a uno u otro seminario que he dado en el pasado. Sus testimonios son amplios y extensos, de una gama de profesiones que alguna vez habían demostrado estar estancadas antes de que fueran revividas con las técnicas que he estado enseñando. Descubrí que los testimonios de alguna manera se están volviendo abrumadores, y las personas me animaban para que enseñara más y más de mis técnicas. Ahí es donde surgió la visión de este libro. Mi principal objetivo era documentar todo lo que pudiera en un libro para que estos principios pudieran ir a lugares que yo nunca podría alcanzar y continuar con las maravillas que han logrado.

He escrito este libro en un estilo sencillo para no ahuyentar a ninguno de mis lectores. Se presentarán las técnicas a ti, el lector, de tal manera que puedas ser fácilmente entendidas y practicadas. Hay docenas de otros libros por ahí que sólo critican la procrastinación pero nunca proporcionan suficiente información para contrarrestarla. Hay pequeñas cosas que pueden ser identificadas y trabajadas para darle la mejor experiencia mientras persigue sus metas. ¿Sabías que un factor tan insignificante como la dieta puede afectar lo mucho que procrastinas? Por supuesto que nunca oirás eso en ningún otro lugar por eso quédate conmigo para esta experiencia.

Algunas personas han pasado años procrastinando el evitar procrastinar. En esencia, están postergando un milagro en sus vidas, el cambio que podría llevarlos al siguiente nivel. El gran autor, Paulo Coelho, dijo: "Un día despertarás, y no habrá más tiempo para hacer las cosas que siempre has querido hacer. ¡Hazlo ahora! ". El tema de la muerte es un tema sagrado y muy temido, pero es muy importante. Dicho esto, debes tener en cuenta que cada día te estás acercando más a tu muerte. Si no empiezas a cambiar tu vida ahora mismo y a deshacerte de la dilación, pronto mirarás hacia atrás y tendrás un rastro de arrepentimientos siguiéndote.

He oído a la gente decir que las ideas gobiernan el mundo; yo no estoy de acuerdo. En mi opinión, son las ideas con la acción correspondiente las que gobiernan el mundo. Cualquier vida sin acción es una vida sin resultados, y ¿De qué vale vivir la vida sino habrá resultados que mostrar? Nada en este libro valdrá la pena leer si no estás listo para aplicar los principios establecidos que se te darán a conocer. Tu mente continuará engañándote para que postergues el proceso de cambio, pero depende de ti el derrotar esos bloqueos mentales y tomar acción. Estaré almacenando tu arsenal con las armas necesarias para derrotar a ese enemigo que evita que alcances todo tu potencial.

CAPÍTULO UNO: VENCER A LA PEREZA

La pereza puede tener diferentes nombres en diferentes momentos. Algunos se refieren a ella como pereza, otros la llaman ociosidad o un estado mental carente de sentido. Pero sea cual sea el nombre, todos estamos de acuerdo en que la pereza en cualquier forma es un rasgo indeseable que puede alejarte del éxito. La pereza es un estado mental, un problema psicológico. Puedes referirte a la pereza como la falta de voluntad para consumir la energía almacenada. O puede decirse que es una falta de voluntad para llevar a cabo una tarea que sientes que es difícil, aburrida o que consume tiempo. Naturalmente, el ser humano es perezoso, y se necesita un esfuerzo adicional para superar esta naturaleza innata y hacer las cosas bien. Es naturalmente más fácil acostarse todo el día y no hacer nada, perder los objetivos y ver cómo pasa el tiempo. Parece que los humanos estamos simplemente condicionados a vivir en la mediocridad, a estar cómodos con cualquier cosa que no desafíe nuestra existencia o supervivencia. Y esta es la raíz de la pereza, el fundamento sobre el que existe la procrastinación.

Desde una edad temprana, el cuerpo humano siempre ha estado empeñado en la gratificación instantánea. Pero la verdad es que, tus sueños y aspiraciones tomarán tiempo antes de que se hagan realidad. Permitir que la pereza se convierta en la orden del día te hará ver cómo las semillas que has plantado con el tiempo se secan ante tu cara. Relacionando esto con la actualidad, buscamos personas que vivan absolutamente para nada. Nada los inspira, nada los incentiva a lograr más, o a hacer más para cambiar su mundo. Vemos gente que ha aceptado la vida simplemente por lo que es. Los avances tecnológicos y los cambios en la sociedad han ayudado a facilitar aún más la "Causa de la pereza". Ahora vivimos en un mundo en el que puedes quedarte en casa todo el día y que te traigan todo a la puerta de tu casa: la comida, la ropa limpia, los comestibles, etc. Así que la pregunta sigue siendo: "¿Por qué trabajar, cuando todo se puede hacer por ti?"

La pereza y tus metas

Por supuesto, puedes sentirte cómodo con la pereza y vivir el resto de tu vida sin preocuparte por nada. El hecho es que terminarás en la mediocridad y sin logros tangibles de los que jactarse. Pero si usted es el tipo de persona que realmente vive para algo, que tiene un plan para superar su nivel actual y convertirse en una historia de éxito con la que tu familia y amigos querrán identificarse, entonces la pereza no es una opción.

Una de las razones por las que las personas no están motivadas para trabajar es que no pueden ver la belleza después de lograr las metas a largo plazo. Su pereza existe simplemente porque se siente incómodo con su estado actual. Una vez que tomas la decisión de dejar tu estado actual y entrar en la siguiente fase de la vida, la pereza comienza a temblar botas sabiendo que está a punto de ser eliminada. Eso es lo que deberías hacer ahora. No posponga la eliminación de la pereza de tu vida. Cuanto más posponga la acción que necesita tomar, más tiempo tardará en que tus sueños se haga realidad.

7 TÁCTICAS PARA VENCER A LA PEREZA

A nadie le gusta ser perezoso. Esa es una verdad graciosa. La mayoría de las personas que han descubierto rasgos de pereza en su vida diaria no están totalmente de acuerdo con la situación. La parte dolorosa es que averiguar qué hacer con la pereza es difícil. Piensa en tu vida en este momento: ¿Cuáles son esas cosas que le gustaría mejorar respecto a las relaciones familiares, las perspectivas de carrera o el estado financiero? Todas estas cosas son alcanzables;

pueden ser mejoradas para producir resultados envidiables. Hay tácticas que pueden ser implementadas para ayudarte a superar la pereza en este sentido y salir con un éxito abrumador. Vamos a revisar algunos de ellos:

1. **Tener una estrategia claramente definida**

La pereza ni siquiera puede ser superada si no se ha puesto una estrategia para lograr una meta en particular. Digamos que quieres levantarte de la cama por la mañana y lograr algo para el día. Necesitarás tener una lista de acciones preparadas para el día para ayudarte a identificar por dónde debes empezar. De hecho, el tener una estrategia bien estructurada es la mitad del trabajo para derrotar a la pereza. La cuestión importante aquí es: ¿Qué es lo que quiero y cómo voy a hacerlo? Ten una sesión de lluvia de ideas e identifica maneras de lograr tus metas. ¿Adónde tienes que ir? ¿Con quién necesitas hablar? ¿Cómo vas a hacer una cosa o la otra? Escríbalas desde el principio del proceso hasta el final. Una cosa que notarás al realizar tus planes es la alegría que sentirás al verlos cumplidos. Ese es un paso en la dirección correcta.

2. **Ser consciente de sí mismo**

La pereza es una bestia sigilosa. Necesitas saber cuándo está cerca. O tal vez lo sabes, pero no puedes hacer nada al respecto. Una manera de abordar la pereza es la capacidad de identificar lo que es la pereza. La pereza para ti puede ser sentarse a través de cientos de películas de Netflix todo el día y no hacer nada, pero eso no es pereza para un analista de cine o un crítico que se le paga para ver y evaluar las películas. Otras personas pueden pasar horas en una bañera llena de burbujas y beber vino tinto de una copa. Eso puede ser visto como relajación, pero en algún momento, se convierte en pereza absoluta. Debes saber cómo identificar cuando tu relajación se ha deslizado gradualmente hacia la pereza. Una vez que hayas sido capaz de identificar la presencia de la pereza, entonces te será más fácil luchar contra ella.

3. **Aprende a amar las cosas que haces**

Si a no te gusta una actividad, siempre te faltará las ganas de hacerlo. A veces, las personas no son perezosas, pero no están motivadas para realizar una determinada tarea, y eso resulta en "pereza". Hay estudiantes sobresalientes que procrastinan el escribir sus ensayos de inglés porque odian escribir, pero pueden pasar horas y horas en operaciones de cálculo. Ahora, estos estudiantes no son necesariamente perezosos, pero escribir ensayos no es algo que les guste. A pesar de que podrían terminar realizando ensayos maravillosos, les falta la motivación para empezar, lo que los llevó a postergarlo.

Aprender a apreciar lo que sea que necesites hacer es una habilidad que necesita ser desarrollada con el tiempo. Puede ser un proceso lento o gradual, pero al final, seguramente valdrá la pena. Adquirir la mentalidad correcta definitivamente tendrá un efecto drástico en cuanto a lo que se puede hacer.

4. **Establezca un marco de tiempo**

Podría oscilar entre 10 minutos y una hora, y en este período proponte que no haya ninguna pausa hasta que hayas llevado a cabo esa tarea. ¿Tienes trabajo de tesis que escribir? Siéntate al frente de tu computadora y escribe durante los próximos diez minutos y ve hasta dónde puedes llegar con eso. Pon una alarma para medir cuánto puede hacer dentro de ese período de tiempo. Usualmente, tu mente estará inmediatamente condicionada para seguir adelante después de esa tarea. De hecho, tu mente podría entusiasmarse con el próximo desafío, viendo cuánto ha sido capaz de lograr en diez minutos. Una vez que te involucras en el proceso, es muy tentador dejar de hacerlo. Después de conquistar el desafío de 10 minutos, puedes ir más lejos y seguir presionándote a ti mismo. Busca un punto de referencia de 30 minutos y vea cómo te va. Luego, ve por una hora, y así sucesivamente. Pero recuerda que la disciplina es la clave aquí. Si estás fallando en permanecer quieto por 10 minutos, hay una buena probabilidad de que no tendrás éxito a los 30 minutos. Por lo tanto, antes de seguir adelante, asegúrate de que tu cuerpo entienda ahora lo que significa sentarse y trabajar durante 10 minutos.

5. **Cierre cualquier ruta de escape por el momento.**

¿Cuáles son esas cosas que pueden constituir distracciones para ti y hacer que te vuelvas perezoso y procrastinar? Pregúntate a ti mismo: ¿A dónde escapo siempre que no estoy dispuesto a trabajar? ¿Podría ser un libro, o un videojuego, o incluso Instagram? Sea lo que sea, debe ser removido y llevado lejos de ti. Desinstala esas aplicaciones si es necesario. Guarda esas consolas de juego en un cajón si es necesario. Haz estas cosas hasta que hayas logrado algo que valga la pena.

6. **Repréndete a ti mismo**

Cuando no hay nadie más que controle tus excesos, tienes que hacerlo por ti mismo. Cuando ya no vivas con tus padres o con alguien mayor que te que pueda gritar para que salgas de la cama, deberías ser capaz de hacerlo por ti mismo. Recuerda que tu cuerpo y tu mente están construidos para servirte, y se vuelven bastante inactivos cuando se les permite hacerlo. Sé estricto contigo mismo. Podrías llamarlo disciplina, pero esa palabra ha sido usada en exceso y tiene poco valor. Habla contigo mismo y di las cosas que tienes miedo de decirte a ti mismo. De esa manera, tu mente entenderá que ya no estás jugando.

7. **Ve los beneficios**

Siempre hay algo para ti cuando realizas una tarea. Identifica estos beneficios y reflexiona sobre ellos. Tómate tu tiempo para apreciarlos y ver un futuro en el que todos ellos se han logrado con éxito.

Imagínate las aventuras que podrías encontrar con sólo vencer la pereza y dar el primer paso. Por supuesto, habrá dificultades, obstáculos y cosas por el estilo, pero no te obsesiones con ellos. Sólo te desanimarán y arruinarán el momento.

10 ALIMENTOS ESENCIALES PARA ESTIMULAR LA ENERGÍA

Muchas personas notan que se cansan fácilmente, incluso después de realizar pequeñas actividades en algún momento del día. Todos hemos estado allí en un momento u otro. Son las 12 de la tarde y ya te has dado cuenta de que no puedes pararte de una silla. Tu cuerpo de repente se vuelve más pesado. Comer cualquier tipo de comida durante este tiempo no ayuda. Ten en cuenta que los alimentos ricos en grasa y calorías te dejarán más fatigado de lo que estaba antes de comerlos. Por lo general, requieren más energía para su digestión.

La falta de energía puede afectar drásticamente tu rendimiento y tu voluntad de trabajar. La verdad es que la cantidad y la calidad de los alimentos que comes pueden afectar enormemente tus niveles de energía a lo largo del día. Hay una variedad de alimentos que se sabe que dan energía, pero sólo un puñado de estos contienen los nutrientes esenciales necesarios para aumentar los niveles de energía y mantenerte alerta durante todo el día. Los alimentos como el azúcar o los carbohidratos refinados pueden dar sacudidas rápidas de energía que mueren en cuestión de horas. Pero el cuerpo necesita energía que sea más sostenible, y esto sólo puede provenir de una dieta bien planificada. Come los siguientes alimentos y ve lo mucho que te ayudarán a combatir la pereza.

1. **Arroz Integral**

Este no es el primer alimento que puede venir a la mente en cuanto al suministro de energía, pero el arroz integral hace maravillas. A diferencia del arroz blanco, el arroz integral es menos procesado y conserva más valor nutricional en forma de fibra. El arroz integral es muy rico en manganeso, y convierte las proteínas y los carbohidratos en combustible para energizar el cerebro y el cuerpo. Este alimento libera energía lenta y constantemente a lo largo del día, ayudando a mantenerte motivado y alerta. El arroz integral se puede servir con verduras para mejorar su función de suministro de energía.

2. Batatas o Camotes

Aparte de su sabor casi azucarado, las batatas son también muy buenas fuentes de energía. Son muy ricos en carbohidratos, betacaroteno (vitamina A) y vitamina C, que mantienen la fatiga a raya durante todo el día. Una batata de pequeño tamaño podría contener unos 22 gramos de carbohidratos, el 28% del ADR(Aportes Dietéticos Recomendados) para el manganeso y un impresionante 438% de la ADR para la vitamina A. El cuerpo digiere las batatas a un ritmo muy lento, lo que le proporciona un suministro constante de energía. Las batatas se pueden freír o hervir y tomar con salsa de tomate.

3. Plátanos

Los plátanos están compuestos principalmente de azúcares como glucosa, fructosa y sacarosa. También tienen cierta cantidad de fibra. Los plátanos son una muy buena fuente de carbohidratos, potasio y vitamina B6, todos ellos conocidos por proporcionar al cuerpo una energía constante. Come un plátano con maní como un buen piqueo o agregue rebanadas de plátano cereal matutino y observa cómo te mantiene con energía durante todo el día.

4. Miel

Una cucharada de miel es tan poderosa como media taza llena de bebida energética. La miel generalmente actúa como combustible muscular durante el ejercicio y ayuda a reponer los músculos después de una sesión de entrenamiento.

5. **Huevos**

Un solo huevo contiene aproximadamente 70 calorías en total, más otros 6 gramos de proteínas. La leucina, un aminoácido presente en los huevos, ayuda a las células a absorber más azúcar en la sangre, estimula la producción de energía en las células y aumenta la descomposición de la grasa para producir energía. La energía liberada de un huevo se suministra muy lentamente para que el cuerpo la utilice. Los huevos también son muy ricos en vitaminas B que ayudan a las enzimas a desempeñar su papel en el proceso de descomposición de los alimentos. También se sabe que los huevos contienen más nutrientes en una caloría que la mayoría de los demás alimentos. Estos nutrientes pueden ayudar a mantener el hambre alejada durante un largo período de tiempo. Puedes comer huevos revueltos, hervidos, fritos o en forma de tortilla.

6. **Frijoles**

Los frijoles son muy ricos en proteínas, y habitualmente se cree que las proteínas no proporcionen energía. Pero esa es una creencia equivocada. Los frijoles son una gran fuente de energía, especialmente si eres vegetariano. Contiene una gran cantidad de fibra que ralentiza la digestión. También es rico en magnesio que suministra energía directamente a sus células.

7. **Café**

El café le proporciona ese golpe matutino que necesitas para estar alerta y preparado para las actividades del día. Sí funciona, y es por eso por lo que mucha gente toma una taza de café cada mañana para empezar el día. El café tiene un alto contenido de cafeína que pasa rápidamente del torrente sanguíneo al cerebro, donde inhibe la actividad de la adenosina, un neurotransmisor que calma el sistema nervioso central. Pero no se debe abusar de ella. Cuando se toma en exceso, puede ponerlo nervioso e interferir con su sueño.

8. Chocolate negro

Este suena extraño, ¿Verdad? Déjame explicarte. El chocolate negro contiene más cacao que el chocolate con leche normal o cualquier otra forma de chocolate. Contiene antioxidantes que ayudan en el flujo sanguíneo alrededor del cuerpo, ayudando así a la propagación de la energía. Debido a esto, el oxígeno es entregado más efectivamente al cerebro y a los músculos. Además, el aumento del flujo sanguíneo causado por estos antioxidantes también ayuda a reducir la fatiga mental y ayuda al estado de ánimo.

9. Aguacates o Paltas

Son altamente ricos en grasas y fibras saludables. Las grasas ayudan a facilitar los niveles de grasa en la sangre y estimulan la absorción de nutrientes del torrente sanguíneo. También se almacenan en el cuerpo y se utilizan para obtener energía cuando es necesario. La fibra de los aguacates, que representa alrededor del 80% del contenido total, puede ayudar a mantener un flujo de energía constante alrededor del cuerpo. Los aguacates también contienen muchas vitaminas B que son necesarias si las mitocondrias celulares tienen un rendimiento óptimo.

10. Frutos secos

Las nueces y las almendras contienen suficientes ácidos grasos omega-3 y omega-6, y antioxidantes que pueden aumentar los niveles de energía y la distribución en el torrente sanguíneo. Las nueces tienen altas calorías, proteínas, carbohidratos y grasas. Todos estos son nutrientes que las nueces liberan lentamente a lo largo del día, manteniéndote energizado. Las vitaminas y minerales como el manganeso, el hierro y la vitamina E son algunos de los tesoros que se pueden encontrar en los frutos secos. Todos estos dan pequeños golpes de energía a su manera.

5 TRUCOS PARA ENERGIZARSE Y MANTENERSE ENERGIZADO

Mantenerse energizado durante todo el día es una manera segura de controlar la pereza y prevenir la procrastinación. La energía a la que se hace referencia aquí puede ser energía mental, energía física o energía psicológica. Una deficiencia en cualquiera de los siguientes puede causar una desaceleración del otro proceso corporal. Hoy en día, es común descubrir que te has quedado sin energía y que has perdido tu entusiasmo por la vida. No hay nada que genere más procrastinación que eso. Si descubres que de repente te falta energía para seguir adelante, entonces hay muchos trucos que puedes realizar para obtener más energía.

1. **Haz algo divertido**

Este puede ayudarte a lidiar con el estrés mental. El cerebro es un órgano sensorial amante de la diversión que odia la monotonía y el aburrimiento. Una vez que has realizado una tarea durante tanto tiempo y el cerebro se cansa de realizarla, el entusiasmo por volver a ella por segunda vez y realizarla nunca estará ahí. Porque el cerebro temerá ese momento. Haz una pausa y haz que tu cerebro haga algo diferente. Levanta a tu gato y acaricie su pelaje. Juega un poco al escondite con el perro. Escuche música mientras trabajas. Asegúrate de añadir un poco de diversión a lo que sea que esté haciendo, pero debes asegurarte de no distraerte. Después de un tiempo, deberías volver al trabajo.

2. **Toma una breve siesta energética**

Evite la tentación de seguir trabajando e ignora el cansancio y el estrés. No eres una máquina, e incluso las máquinas descansan. Una vez que sientas la somnolencia, tomate unos minutos y duerme un poco. Puedes simplemente inclinar la cabeza en tu mesa para reponer la mente y tu estado de alerta. Si tan sólo pudieras entender la maravilla de una siesta corta. Es como reiniciar un sistema. Todo sale nuevo y refrescado, listo para una nueva fase.

3. **Sal**

Toma un poco de sol y aire fresco. Tu propio cuerpo siempre está anhelando un nuevo ambiente de vez en cuando. Si has estado en una oficina con aire acondicionado durante horas, es hora de que vaya a respirar aire fresco a un lugar más natural. Camina hasta un parque y contempla el paisaje. Observa a los niños jugando con sus mascotas y sonríe un poco. Quién sabe, puede que te inspires para el próximo proyecto de arte.

4. **Juega juegos mentales**

Haz que tu cerebro y tu mente funcionen. Su inactividad podría ser la razón de su falta de energía. Haz algo que desafíe tu mente, cerebro y patrones de pensamiento. Lee un artículo de Internet o una historia corta de un libro. Juega al ajedrez con tu ordenador. Haz una lluvia de ideas con tus colegas. Todas estas cosas ponen en marcha tu cerebro y tu cuerpo instantáneamente hará lo mismo.

5. **Reduce tu carga de trabajo**

Una de las principales razones de la fatiga y la pérdida de energía es el tamaño de la carga de trabajo. Con una gran carga de trabajo, puede hacer muchas cosas mal o hacer sólo unas pocas correctamente. Optimiza tus actividades diarias para que el estrés pueda ser controlado. Presta más atención a las actividades más importantes. Luego, considera la posibilidad de obtener ayuda si lo crees necesario.

CAPÍTULO DOS: AUMENTAR LA PRODUCTIVIDAD

La productividad es el opuesto directo de la pereza. Una vez que la pereza ha sido derrotada con éxito, la productividad viene después. La productividad requiere un enfoque de paso a paso para que se logre. No se trata de una actividad aislada. Por eso es necesario establecer sistemas para que las cosas se hagan cuando deben hacerse. Este sistema definirá tu forma de hacer las cosas, tus métodos y procesos. Estos sistemas pueden ser desarrollados o pueden ser aprendidos. En este capítulo, te voy a mostrar algunos sistemas que pueden ayudarte a hacer las cosas y ser más productivos.

MÉTODO: GETTING THINGS DONE (GTD) El método GTD u Organízate con eficacia es una manera efectiva de organizar y hacer un seguimiento de tus tareas y proyectos. El objetivo principal del método de productividad GTD es garantizar una confianza del 100% en un sistema de recopilación de tareas, ideas y planes. El GTD le proporciona una manera de hacer un seguimiento de lo que necesitas hacer por tiempo y cómo debes hacerlo. Una vez que el sistema GTD se ha logrado, la cantidad de estrés que por la que pasas tratando de recordar todas las cosas que se deben hacer continuamente se reducirá en gran medida. También se ahorra tiempo a largo plazo. El GTD funciona manteniendo listas con un papel y un bolígrafo. Las principales listas que tendrás que hacer con el método GTD incluyen:

1. **Lluvia de ideas**

Esta lista contiene todas tus ideas principales y puntos de acción a medida que se te ocurren. Simplemente apúntalas cuando lleguen a ti y asegúrate de que no te pierdas ni una sola cosa. Puedes usar un bloc de notas y un bolígrafo para esto o una aplicación en tu teléfono. Sólo hazlo con lo que mejor funcione para ti. Lo importante es que no te pierdas nada a medida que llegan las ideas.

2. Próxima Acción

Esta lista contiene todas las posibles acciones que puede que quieras tomar en un futuro próximo. De esta lista, escogerás lo que tendrás que hacer cuando estés menos ocupado.

3. En Espera

Los elementos de esta lista son aquellos que te hacen anticipar que algo va a suceder. Digamos que has asignado una tarea a alguien y estás esperando su respuesta. La lista de espera es la lista perfecta para anotar eso. Anota eso con una fecha actual para que pueda llevar un registro del progreso de la persona.

4. Proyectos

Un proyecto en este sentido se refiere a cualquier tarea que requiera más de una acción para su realización. Todas estas tareas deben estar incluidas en tus listas de proyectos. Puedes hacerlo más interesante escribiendo los detalles de cada proyecto para que pueda ser utilizado como guía.

Además de estas listas, es posible que necesites un pequeño calendario para realizar un seguimiento de las tareas y eventos que dependen del tiempo.

MÉTODO ZEN TO DONE (ZTD)

El método Zen to Done fue desarrollado específicamente por el estratega de productividad Leo Babauta para ayudar a los individuos a construir hábitos paso a paso mientras trabajan a través de un sistema de gestión del flujo de trabajo. El ZTD enseña a uno a formar un hábito positivo tras otro. Hace que todo el proceso sea mucho más fácil cuando estas cosas se abordan de esta manera. Algunas personas han descubierto que se desempeñan mejor usando el método ZTD que el método GTD. La clave aquí es encontrar cuál de ellos funciona mejor para ti. Hay diez hábitos que deben ser adoptados uno a la vez en el transcurso de treinta días. Experimenta con ellos hasta que notes cambios en tu patrón de hábito.

1. **Recopilar**

   Anote tus ideas en un libro o en un cuaderno de notas. Escribe todas las tareas, ideas o proyectos que te vengan a la mente en cualquier momento. Esto es diferente del estilo GTD porque el ZTD le obliga a llevar una herramienta más simple como un cuaderno o una pila de cartas, que son más fáciles de llevar.

2. **Procesar**

   No permitas que las cosas se amontonen y le den combustible a tu procrastinación. Procesa tu correo electrónico, mensajes de voz, etc. Toma una decisión sobre todos esos elementos a medida que trabaja: elimínalos, delégalos, archívalos o hazlo más tarde.

3. **Planificar**

   Fija las cosas que desea lograr cada semana. Asegúrate de que cada día sea un paso adelante para lograr ese gran proyecto de la semana. Asegúrate de lograr algo diariamente.

4. **Realizar**

   Elimina todas las distracciones y ponto a trabajar. Despeja tu escritorio de trabajo y tu mente para que puedas tener aún más enfoque. Con la distracción fuera del camino, fija un temporizador y concéntrate en la tarea el mayor tiempo posible. No trates de hacer varias cosas a la vez.

5. **Utilizar listas y herramientas simples**

   Mantenga sus listas tan simples como sea posible. No permitas que las herramientas utilizadas en ZTD te distraigan de alcanzar la productividad. No luches con las herramientas. Pronto, puede que descubras que el sistema se ha vuelto demasiado complicado para que puedas seguir adelante con él.

6. **Organizar**

   Todo lo que te pertenece debe tener a un espacio en tu casa. Una vez que haya terminado de usar un objeto, debe ser devuelto a ese espacio. Crea un sistema organizado que funcione y te ayude a hacer un seguimiento de tus artículos. Trata el hábito de organización como cualquier otro hábito que se deba mejorar y trabajar para desarrollarlo. Dentro de 30 días habrá resultados espléndidos.

7. **Realizar una revisión semanal**

   Selecciona algunas de las metas a largo plazo en las que te gustaría enfocarte y lograr en un marco de tiempo de seis meses a un año. La elección de muchos objetivos sólo te dejará abrumado sin ningún éxito tangible. Divide una meta a largo plazo en metas a mediano plazo que tardarán menos tiempo en cumplirse. Crea metas semanales a corto plazo para cada una de estas otras metas. Cada semana, haz una revisión de lo lejos que has llegado en el logro de esa meta a corto plazo durante la semana.

8. **Simplificar**

   Sus objetivos deben reducirse a lo esencial. Haz una breve revisión de todas tus tareas y proyectos y averigua si puedes simplificarlos. Incluso cuando los simplifiques, asegúrate de que se alinean con las metas anuales finales para que no te alejes de tu meta lentamente. Selecciona sólo las cosas que importan.

9. **Establecer una rutina y seguirla**

   Construye y desarrolla rutinas que importen. Algunas de ellas pueden incluir la meditación, dar un paseo cada mañana o leer al menos una página cada día. Estas rutinas pueden ser desarrolladas para diferentes momentos del día, ya sea en la noche, en la mañana o en la tarde. Además, desarrolla una rutina diaria para los diferentes días de la semana.

10. **Encuentra tu pasión**

    Este último es muy importante. Si eres un apasionado de tu trabajo, el impulso de postergar su realización se reducirá en gran medida o se apagará totalmente. Busca constantemente las cosas que te apasionan y persíguelas por un bien mayor. Si es posible, haz una carrera practicándolos. Tener tal lista te dará la satisfacción que anhelas mientras realiza cada una de esas tareas y proyectos.

Alto a la procrastinación

8 APLICACIONES DE PRODUCTIVIDAD QUE NECESITAS EN ESTE MOMENTO TU VIDA EN

Una aplicación de productividad es un software que facilita tu trabajo y te ayuda a hacer las cosas en menor tiempo. Con la ayuda de procesadores más rápidos y una conectividad más amplia, nuestros smartphones se han convertido en una especie de asistentes personales para nosotros. Si el objetivo es mejorar tu nivel de productividad, algunas de las aplicaciones listadas a continuación deberían estar en la parte superior de tu lista. Cada año, más y más de estas aplicaciones son lanzadas, proporcionando nuevas y mejoradas formas de mantenerse al tanto de las actividades. Aquí están algunas de las aplicaciones esenciales que pueden aumentar la productividad.

1. **ToDoList**

Esta aplicación ha sido descargada más de 7 millones de veces desde varias plataformas de tiendas de aplicaciones. Todo lo que tienes que hacer es anotar todo lo que necesitas hacer, y la aplicación sigue adelante para interpretar y categorizar todas tus tareas basándose en las entradas. Las aplicaciones te ayudan a ti y a tu equipo a mantenerse al día mientras planifican proyectos, discuten los detalles y supervisan los plazos. La aplicación cuesta $36 por año para una versión premium y $60 por año para tener acceso completo a todo su equipo.

2. **TeamViewer**

Esta asombrosa aplicación te permite acceder a todos tus dispositivos remotos sin importar desde donde los estés viendo. Puede estar en un lugar y la aplicación se conecta instantáneamente a los archivos que necesitas y que actualmente se encuentran en otro lugar. La conexión también va tan lejos como para darle la posibilidad de realizar reuniones de audio, videoconferencias y opciones para compartir archivos. Con todas estas características, la colaboración con una mayor variedad de personas se hace más fácil y las cosas se hacen más rápido. La aplicación está disponible para usuarios de iOS y Android.

3. Yelling Mom

Yelling Mom es una aplicación divertida de usar. Se basa en los principios de una madre regañona que no te deja respirar hasta que hayas hecho lo que te dijo que hicieras. Una vez programada una tarea, la aplicación te recordará la tarea antes de que se acabe el plazo de entrega haciendo uso de algunas molestas alertas como una sirena o el silbato de un árbitro.

4. Serene

Serene está diseñado específicamente para manejar las distracciones y ayudarte a dar más concentración a las cosas que se deben lograr para ese día. La aplicación se encuentra actualmente en una fase beta privada, y necesitarás una invitación para poder utilizarla. Pero vale la pena estar atentos a su lanzamiento.

Una vez que haya establecido tu meta para el día, se te pedirá que la dividas en sesiones más pequeñas que durarán de 30 a 60 minutos cada una. Establece un marco de tiempo que sea lo suficientemente largo para completar la meta. Una vez que se inicia una sesión, la aplicación bloquea cualquier aplicación que pueda resultar ser una distracción. Aparece una cuenta regresiva en la pantalla mientras trabajas, y hay una opción para reproducir música relajante.

5. Coach.me

Coach.me es una plataforma que te conecta con entrenadores en línea que te ayudarán a alcanzar tus objetivos. Encontrarás diferentes entrenadores que son especialistas en diferentes categorías entre las que puedes elegir. El coaching se hace por correo electrónico, y es hermoso porque puedes conocer a alguien y hacer un amigo a medida que cambias tus hábitos. Los entrenadores responderán a cualquier pregunta que tengas.

6. **Loop**

Loop es una aplicación exclusiva para Android, y emplea un enfoque bastante diferente para ayudarte a concentrarse en las tareas. Loop es una aplicación para crear hábitos. En lugar de alejarte de los malos hábitos, te ayuda a formar otros nuevos y beneficiosos. Loop te ayudara a invertir más tiempo en lo que sea que debas hacer. Las principales características de esta aplicación incluyen

- Establecer un objetivo para las cosas que tú inviertes más tiempo haciendo
- Proporcionar un puntaje para determinar qué tan bien te estás desempeñando en el desarrollo de nuevos hábitos
- Establecer recordatorios para energizarte cuando la pereza se instala

7. **HelloSign**

HelloSign elimina el problema de la firma de un gran número de documentos al dar la opción de firmarlos electrónicamente. Todos los documentos que se firman a través de esta aplicación son legalmente vinculantes porque la firma sigue siendo real y no está diseñada electrónicamente. Un beneficio adicional es que todos los documentos firmados a través de la aplicación están organizados para que no pierdas tiempo clasificándolos cuando los necesites.

8. **Drafts**

Tomar notas y llevar un diario es cada vez más fácil con la aplicación Drafts. Una vez que se realiza una nueva entrada, la aplicación las etiqueta y las ordena rápidamente. Puedes utilizar algunas de las herramientas de la aplicación para convertir tus notas en mensajes de correo electrónico, tweets o documentos.

12 HÁBITOS DE RUTINA MATUTINA PARA LA PRODUCTIVIDAD

Una buena mañana siempre resulta en un buen día. Y tu rutina matutina parece ser realmente un factor importante que establece el tono para el resto del día. El éxito de tu día depende de los pequeños detalles de la mañana. Tienes que entenderte a ti mismo y la forma en que funciona tu cuerpo para ser capaz de captar todo el potencial de tu rutina matutina.

Se ha comprobado que las rutinas matutinas ayudan a algunas de las personas más exitosas del planeta a alcanzar sus objetivos. Una vez que se pierde la productividad por la mañana, siempre es difícil lograrla en cualquier otro punto del día. Aquí estudiaremos una sencilla rutina matutina que te ayudará a aumentar tu productividad durante el día.

1. **Despierta de forma natural**

Para una persona, a las 4 AM es la hora perfecta para levantarse y comenzar el día. Para otra persona, un día perfecto comienza a las 6 de la mañana. Para la segunda persona no es mejor despertar a las 6 de la mañana solo por ser unas horas después. Tómate tu tiempo para levantarte de la cama. No estoy predicando la pereza aquí, pero hay veces en que el cuerpo mismo todavía necesita más tiempo para levantarse de la cama. Salir de la cama antes de tiempo es una forma segura de crear caos. Lo más importante es poner a tu cuerpo en sintonía. Algunas personas funcionan mejor durante la noche y terminan levantándose tarde de la cama. Han sido productivos al menos durante ese día. Sólo asegúrate de que tu cuerpo permanezca alerta cuando llegue el momento de trabajar. Descansar la mente y el cerebro durante mucho tiempo en la cama es mejor que permanecer fuera de la cama y quedarse dormido durante todo el proceso. No conseguirás nada de esa manera.

2. No tomes decisiones importantes por la mañana

Es mejor que pases la noche anterior escribiendo las ideas y prepararte para el día siguiente. La fuerza de voluntad para hacer buenas elecciones y decisiones se reduce considerablemente por la mañana, y puede ralentizar el rendimiento de tu cerebro a un nivel óptimo. El que tengas todo el día planeado desde la noche anterior, ayudará a que tu mente se prepare inmediatamente y empiece a trabajar en las actividades del día.

3. Inicia el día con ejercicio

Es posible que haya escuchado esto unas mil veces, pero nunca se insistirá lo suficiente en la importancia del ejercicio para tu cuerpo. Tu cuerpo te está rogando que lo entrenes y lo desahogues. Las personas que hacen ejercicio a primera hora durante un día de trabajo son generalmente conocidas por poseer más energía para el día que otras. No tienes que ir a un gimnasio. Puedes caminar hasta la estación de tren, saltar cien veces o hacer otra cosa que estire tu cuerpo.

4. Limpia y despeja tu espacio de trabajo

Un espacio de trabajo despejado te dará más concentración y productividad. Cuando todo está desorganizado, tu capacidad de rendimiento óptimo se reduce. Las personas que trabajan en un ambiente limpio y organizado son generalmente más productivas que otras que se sienten cómodas con el desorden. El desorden te hace perder tiempo porque tus artículos de trabajo se perderán fácilmente.

5. Completa las tareas más duras y tediosas por la mañana

Una cosa hermosa de la mañana es que tu mente está lo más clara posible. Tu ambiente interno es sereno y está listo para funcionar durante el día. Debes priorizar esta oportunidad y realizar tus metas, especialmente aquellas que te importan más. Arregla todas esas cosas antes de que tus emails empiecen a llegar, y el celular empiece a sonar. Una vez que elimines esas tareas, el resto del día se desarrollará sin problemas.

6. Toma un vaso de agua fría

La hidratación ayuda a dar vida a tu cuerpo. Durante todo el tiempo que durmió, tu cuerpo permaneció con agua dulce entrando al sistema. Una vez que el agua entra en tu sistema, hace que sus músculos funcionen y proporciona a tu cuerpo nueva energía para el día. Uno de los mayores indicadores de baja energía es un cuerpo deshidratado. Comienza tu mañana refrescado tomando un vaso lleno de agua pura y fría y observe las maravillas que hará por tu cuerpo.

7. Reduce el tiempo que pasas frente a la pantalla

Excepto si haces tu dinero en línea o si es una celebridad en línea que necesita mantener a sus fans actualizados en tiempo real, entonces debe mantener su teléfono fuera del alcance por las mañanas. Los teléfonos inteligentes y las redes sociales se han revelado como algunos de los mayores asesinos de la productividad y facilitadores de la procrastinación. Puedes decidir dejar el teléfono en el cajón hasta la hora del almuerzo o ponerlo en modo avión.

8. Medita

La meditación te ayudará a enfrentar el estrés y la ansiedad que emanan del día anterior. Es mejor hacerlo temprano en la mañana cuando el mundo a tu alrededor está tranquilo y tu mente está en paz. La meditación te ayuda a concentrarte y completar una tarea a la vez, en lugar de ser arrastrado a diferentes tareas. Te permite estar presente en el momento.

9. Agiliza tus decisiones

La mañana viene con muchas opciones: qué vestir, adónde ir, a quién llamar, qué cocinar, etc. Trabaja en estas decisiones para que no te quiten demasiado tiempo cada mañana y te causen 'fatiga por decisión'. Ten una rutina para la mañana, como qué ponerse y qué comer. Hazlo de forma simple para que la decisión se tome rápidamente y puedas continuar con tu vida.

10. Estar agradecido

Despierta cada mañana y resalta las cosas buenas en tu vida, no importa lo pequeñas que sean. Tómate unos minutos y practica la gratitud. El proceso es gratificante, y te proporcionará una visión más clara para el día. También te ayudará a derrotar la negatividad, que es uno de los obstáculos para la creatividad y la productividad.

11. Lee una o dos páginas

Mientras que el ejercicio pone tu cuerpo en movimiento, la lectura pone tu mente en acción. Es probable que las personas que leen se adelanten a las que no leen. La lectura te mantiene informado sobre las últimas oportunidades disponibles para ti cómo puede maximizarlas.

12. Pase tiempo con la familia

No importa lo pequeño que sea, esto es necesario. Habla con tus hijos. Ríete con tu cónyuge y prepáralos para el día. Una persona que se va feliz de casa tiene más probabilidades de participar mejor en el trabajo. La felicidad genuina de saber que la alegría existe en tu familia es suficiente para energizarte para el día.

CAPÍTULO TRES: ENCENDER TU FUERZA DE VOLUNTAD

¿QUÉ SABER SOBRE LA FUERZA DE VOLUNTAD?

La fuerza de voluntad es la habilidad de ser capaz de controlarte a ti mismo; pero también va más allá de la habilidad como tal. Es una combinación de voluntad y poder. Tener que hacer algo regular, relajado y placentero puede no ser una tarea para tu fuerza de voluntad. A menudo, tu fuerza de voluntad se relaja ante decisiones y tareas accesibles. La firme determinación de hacer cosas que son difíciles (como querer perder peso o dejar de beber alcohol) es la verdadera definición de la fuerza de voluntad.

Gracias a investigaciones se ha demostrado que una parte de tu cerebro (la corteza prefrontal) potencia su fuerza de voluntad de la misma manera que el amor y el miedo son controlados por el sistema límbico del lóbulo temporal. La fuerza de voluntad se alimenta de energía mental al igual que las emociones, y esto puede causar que te sientas cansado o fatigado.

Estoy seguro de que puedes entender lo que sucede después de trotar por la mañana durante mucho tiempo o después de hacer algunas flexiones para mantenerte en forma. Los músculos se debilitan de forma natural. Lo mismo se aplica a la fuerza de voluntad cuando la parte del cerebro que la controla está estresada.

10 PODEROSAS ESTRATEGIAS PARA AUMENTAR LA FUERZA DE VOLUNTAD

Estoy a punto de revelar reglas y tácticas ganadoras para ayudarte a silenciar las voces que se alzan en contra de tu fuerza de voluntad.

1. **¿Quién eres tú?**

Hombre, conócete a ti mismo' es una famosa frase del filósofo Sócrates. La verdad es que sólo tú puedes decir tus puntos altos y bajos. Hay límites hasta los cuales tus habilidades pueden ser llegar. Tú sabes en qué momentos una broma se vuelve ofensiva para ti.

Querer conocerse a sí mismo podría llevarte a hacer algunas preguntas como;

- ¿Hasta dónde puedo llegar?
- ¿Qué tan bien puedo hacerlo?
- ¿Dónde soy más productivo?
- ¿Cuándo y dónde florece en mí la pereza?

2. **Autoexploración**

Muchas veces, te enfrentas a muchos factores de contención. Lo más probable es que te escuches más a menudo de lo que puedes contar hacer afirmaciones como: "No puedo ir más allá de aquí; no fui hecho para esto; no puedo hacer esto nunca más". "En el momento en que la palabra "NO" ocupe el centro de atención en la mayoría de tus actividades, entonces, debe saber que su fuerza de voluntad está en declive.

Ve a explorar tus habilidades, esfuérzate por hacer hazañas desconocidas y desafía el statu quo. En términos sencillos, ir más allá de los límites.

3. Mantente firme

"Mañana, aumentaré mi número de abdominales en diez." "Empezaré a beber sólo una botella de Coca-Cola al día a partir de la próxima semana." "Iré 200 metros más en la próxima caminata. "Estas son probablemente cosas que dijiste pero nunca hiciste. La procrastinación es una enorme señal de alerta en el camino del aumento de la fuerza de voluntad. El momento en que dejes de decir y empieces a hacer es el momento en que empieces a registrar cambios notables. Si no te mantienes firme, las afirmaciones se convertirán en una popular rima recurrente en el futuro. Así que, cualquier cosa que quieras hacer, ¡empieza ahora!

4. Involucra tu imaginación

Muchos de los inventos que se encuentran hoy en día son el resultado de la imaginación. Alguien imaginó tener que volar en el aire como un medio de transporte más rápido y conveniente en lugar de conducir por la carretera, y se hizo realidad. Hoy en día, tenemos los aviones más sofisticados. Lo mismo sucede con la fuerza de voluntad. El cuerpo responde a las imaginaciones de la misma manera que lo hace a las experiencias. Si imaginaste que fallaste una prueba, descubrirás que empezarás a sentirte incómodo, especialmente si eres el tipo de persona que detesta el fracaso. Si estás teniendo un día de estrés y te imaginas en una piscina acostado en un sillón reclinable con una botella de refresco y la sensación de una brisa fresca, su cuerpo comenzará a asumir esa posición y se sentirá relajado. Tu cuerpo se alimenta de tu imaginación. Usa el poder de la imaginación para aumentar tu fuerza de voluntad.

5. Aprende a decir NO

La mayoría de los desafíos a los que se enfrenta tu fuerza de voluntad surgen de tu incapacidad para decir no a los numerosos placeres que se te presentan. Tiendes a complacerte en demasiadas actividades que resultan en nada.

6. Ten una estrategia de recuperación

Si quieres tener éxito en incrementar tu fuerza de voluntad, especialmente a largo plazo, entonces tendrás que considerar esto. La fatiga también puede aplicarse a la fuerza de voluntad. Puede que te resulte bastante difícil mantener tu fuerza de voluntad si sigues y sigues con tanta fuerza sin ningún descanso o espacio para recuperarte. Es sólo cuestión de tiempo antes de que te canses y finalmente vuelvas al principio. Tómese unos breves descansos de recuperación.

7. Sé consciente de tu entorno

La presión y las circunstancias son vitales para aumentar su fuerza de voluntad. Si quieres lograr o llevar a cabo una tarea en particular, asegúrate de rodearte de cosas o personas relacionadas a la actividad o tarea. Si desea mantener una salud mental estable, es mejor que te quedes con personas que no sean tóxicas o volátiles con las que puedas tener conversaciones significativas y positivas. Separa de tu entorno personas y cosas que tienden a querer disminuir tu fuerza de voluntad.

8. Hazlo por partes

La fuerza de voluntad puede ahogarse ante la presencia de tareas enormes. Es natural desanimarse ante la vista de la gran responsabilidad. Incluso podría abrumarte. ¿Por qué no lo haces por partes? Es más cómodo y menos desafiante. Decidir leer un libro de 1000 páginas al día puede resultar desalentador. Sin embargo, dividir el libro en partes y decidir leer algunas páginas durante un período específico parece más fácil de lograr.

9. Establece cronogramas realistas

A pesar de que estás dispuesto a aumentar tu fuerza de voluntad, no exageres. Establecer objetivos poco realistas es como "construir tus castillos en el cielo"."

¿Cómo mantenerlo simple?

- Añada un poco más de tiempo a sus horas de lectura
- Haz cinco flexiones más
- Lea un libro extra en 2 semanas
- Hacer un poco más te ayudará a registrar un poco pero vital progreso.

10. **Entiende que todo depende de ti.**

Tu decisión de aumentar tu fuerza de voluntad es tuya. No estás en una carrera con nadie más que contigo mismo. Decide hacer esto por ti.

12 TRUCOS GENIALES PARA SENTIRSE INSTANTÁNEAMENTE MOTIVADO

La motivación viene en diferentes formas. Puede venir como una chispa de llama (en segundos o minutos) o gradualmente como un líquido altamente viscoso (en horas o días). La buena noticia es que puedes encender cualquiera de los dos mencionados. Para esta parte en particular, aquí hay consejos sobre cómo motivarse casi instantáneamente.

1. Consuma una dieta que libere dopamina

La dopamina es una sustancia química liberada por las células nerviosas y generalmente se asocia con el sistema de placer y recompensa del cerebro. La liberación de dopamina en tu cuerpo crea una sensación de placer que te motiva a repetir un patrón de comportamiento. Esto significa que comer alimentos que inducen la liberación de dopamina puede aumentar tu motivación.

Sin embargo, ten en cuenta que algunas dietas son capaces de reducir la liberación de dopamina, lo que podría causar una reducción en la motivación; alimentos como la grasa animal, la mantequilla, el aceite de palma y el aceite de coco entran en esta categoría. Es difícil evitar estos alimentos por completo, pero puedes tratar de reducir su consumo significativamente. Emplea tu fuerza de voluntad para lograrlo.

2. Adopta una postura más motivadora

En la inteligencia emocional (IE), principalmente cuando se trata de empatía, la comunicación no verbal es crítica. Es debido a que muchas cosas importantes se dejan sin decir que es crucial ser capaz de entender lo que no se dice. Lo mismo se aplica a la motivación. Algunas posiciones, posturas y movimientos corporales pueden influir en tu confianza. En otras palabras, puedes aumentar o disminuir la motivación.

- **Siéntate con el pecho empujado hacia afuera (no te encorves)**

Sentarse con el pecho empujado hacia afuera (una postura de confianza) le ayuda a mantener sus pensamientos con más confianza. Sucesivamente, si te sientas en una posición descuidada o con la espalda encorvada, se percibe como una postura dudosa y representaría una falta de confianza.

Estudios recientes han demostrado que sentarse de forma incorrecta puede hacer que uno se sienta menos orgulloso de su desempeño. También puede llevar a que las personas se rindan rápidamente en tareas cognitivas exigentes. Así que, siéntate derecho.

- **Párete derecho con los "brazos en jara"**

Estar de pie en "brazos en jarra" significa estar de pie con las manos colocadas en la cadera de tal manera que el codo se mueva hacia afuera. Se traduce en una postura expansiva, que hace que el cuerpo parezca más formidable y ocupe más espacio.

Demuestra dominio y confianza. La explicación científica detrás de esta postura es que aumenta la testosterona (hormona de la confianza) y disminuye el cortisol (hormona del estrés).

3. Haz declaraciones positivas.

"Estoy teniendo un éxito exponencial", "Puedo hacerlo porque fui hecho para ello", "Nada puede detener mi éxito", "Tengo lo que hace falta". Decirte estas cosas puede motivarte mucho en cualquier momento y hacer que te desempeñes mejor. Habla contigo mismo en voz alta.

4. Haz un trato

Cuando digo trato, me refiero a que le cuentes a un amigo tu decisión y le pidas que te supervise diariamente para asegurarte de que estás registrando mejoras. Hazlo más práctico añadiendo un compromiso monetario al acuerdo.

¿Qué quiero decir?

Entregue algo de dinero a su amigo con la condición de que si tú puedes lograr el objetivo de motivación, el dinero te será devuelto, si no, debe ser donado a una organización benéfica.

5. Utiliza el poder de la positividad para mantenerte motivado

Mientras vivas, siempre habrá momentos de negatividad. A veces, todo tu día puede parecer que va mal. Todo, por la razón que sea, puede empeorar. Tu jefe en el trabajo decide frustrar cada esfuerzo que haces. Tus hijos podrían enfermarse inesperadamente. Tus compañeros de trabajo pueden irritarte.

La cruda verdad es que no siempre podemos controlar las circunstancias en las que nos encontramos, pero es nuestra elección cómo responder a ellas. Puedes encontrarte en situaciones difíciles o desagradables; sin embargo, tendrás que decidir si te mantienes motivado a través de ellas.

Aquí hay algunos consejos sobre cómo la positividad puede ayudarte a mantenerte motivado.

- **Rodéate de gente positiva**

Se dice que "Dime con quién andas, y te diré quién eres" o habrás oído que " "Dios los cría, y ellos se juntan" ". Esto implica que su círculo de amigos o asociación es un excelente determinante de quién eres y cuánto puedes lograr.

Por un lado, si tienes a tu alrededor gente de mente positiva o siempre optimista, incluso cuando es difícil hacerlo, lo más probable es que estés influenciado por sus vibraciones positivas. Por otro lado, si tienes una relación tóxica o pesimista, estarás obligado a permanecer en estado negativo la mayor parte del tiempo.

- **No pienses en cosas que no puedes controlar.**

De hecho, no existe una condición perfecta. Las situaciones que están más allá de tu control están destinadas a surgir. Es esencial ser capaz de diferenciar entre las cosas que están dentro y fuera de tu control, en lugar de pensar en ellas o preocuparte por ellas. De lo contrario, perderás tiempo innecesariamente con ellos y lo más probable es que te retractes.

6. Ten un plan (escríbalo)

¿Preparas la actividad del día sin tener ninguna idea de cómo quieres que transcurra el día? ¿Cómo resulta finalmente? ¿Tomas tiempo para desarrollar un horario o un plan sobre cómo quieres que transcurra tu semana?

No es ninguna novedad que " El que falla en planificar planea fallar ".

Hacer un plan es como tener un mapa para ayudarte a navegar en tu actividad durante un período. Te da un sentido de dirección. También te ayuda a reducir el tiempo que pasas sin hacer nada o hacer cosas irrelevantes, así como a mejorar tu productividad.

Tener un plan, te hace organizado y te da una sensación interior de satisfacción, especialmente cuando puedes seguir tus ideas.

- Veamos cómo puedes configurar tu horario o plan para una semana
- Crea una lista de las actividades que deseas llevar a cabo durante la semana

- Reduce el programa a una lista de tareas diarias.
- Asigna un rango de tiempo para llevar a cabo cada tarea
- Sigue cada tarea
- Revisa cada tarea a medida que la vayas completando.

7. Cuenta tus bendiciones y aprecia tus pequeños logros

Una vez que puedas apreciar tus pequeños o significativos logros, te mantendrás motivado para lograr más. También es importante saber que formar el hábito del refuerzo positivo puede ser de gran ayuda.

El refuerzo positivo es recompensarse por los éxitos logrados o los logros registrados. Por ejemplo, después de una larga semana de trabajo y de haber logrado tus metas, puedes decidir si quieres darte un capricho. Comprarte algo que no te compras regularmente o ir a lugares de relajación y recreación son buenos ejemplos.

8. Ver desde una nueva perspectiva.

Si siempre has tenido pensamientos o sentimientos negativos, puedes decidir probar una nueva perspectiva de ser positivo. Ser positivo puede alterar tu vida de muchas maneras, más de las que puedes contar. También es increíblemente interesante y emocionante tomar una forma positiva.

9. Inténtalo de forma diferente

Tener que repetir una rutina puede ser agotador si es algo que va a durar mucho tiempo. ¿Por qué no intentarlo de otra manera? Sal de la rutina. Ver una situación o tarea desde una perspectiva diferente o nueva puede ser bastante aventurero.

10. Suscríbete a espectáculos y discursos motivadores

Escuchar charlas motivadoras o leer material motivador puede servir como refuerzo de la motivación. Somos principalmente un producto de lo que oímos y leemos.

11. Realiza una actividad agradable y divertida.

A veces, puedes sentirte fatigado o agotado de hacer lo mismo una y otra vez. Para mantenerte motivado, puedes participar en algunas actividades que son divertidas y relajantes.

Podrías decidir escuchar tus canciones favoritas de camino al trabajo, y también podrías decidir salir durante tu descanso en el trabajo para pasear. La sensación de estar fuera del confinamiento es refrescante.

Durante los fines de semana, puedes decidir hacer ejercicio. Los ejercicios tienen una forma de liberar dopamina, lo que aumenta la motivación.

12. Habla con alguien

A veces, puedes fracasar mientras tratas de motivarte, incluso después de trabajar tan duro para mantenerte positivo y motivado. Está bien llegar a este punto. No te lamentes. En su lugar, habla con alguien en quien confíes. Podrías ser un miembro de la familia, o podría contactar a un consejero. Él/ella podría guiarte sobre el mejor enfoque para devolverte la motivación.

15 CITAS INSPIRADORAS QUE TE ANIMARÁN

Hay mil y una citas que pueden llevarte a estar motivado para hacer cosas que nunca pensaste que podrías hacer. He aquí algunas de las citas cuidadosamente seleccionadas que invitan a la reflexión y elevan el alma.

1. "Si no construyes tu sueño, alguien más te contratará para que les ayudes a construir el suyo." -Dhirubhai Ambani
2. "No ruegues por el statu quo, desafíalo" - Anyanwu Emmanuel
3. "Todo lo que la mente del hombre puede concebir y creer, puede lograr." - Cerro Napoleón
4. "Las grandes mentes discuten ideas; las mentes promedio discuten eventos; las pequeñas discuten personas." - Eleanor Roosevelt
5. "No temas a la perfección, nunca la alcanzarás." - Salvador Dalí
6. "He fallado una y otra vez en mi vida, y por eso tengo éxito." - Michael Jordan
7. "El éxito se logra más a menudo por aquellos que no saben que el fracaso es inevitable." - Coco Chanel
8. "Nuestra mayor gloria no está en no caer nunca, sino en levantarnos cada vez que caemos." - Confucio
9. "La vida es el 10% de lo que me pasa y el 90% de cómo reacciono ante ella." - Charles Swindoll
10. "La mente lo es todo en lo que crees que te conviertes". - Buda
11. "Empieza donde estás. Usa lo que tienes. Haz lo que puedas". - Arthur Ashe
12. "El secreto del éxito es hacer las cosas comunes extraordinariamente bien." - John D. Rockefeller
13. "Es difícil fracasar, pero es peor no haber intentado tener éxito." - Theodore Roosevelt

14. "El éxito no es definitivo; el fracaso no es fatal. Lo que cuenta es el valor para continuar." - Winston Churchill

15. " Hace mucho tiempo me llamó la atención que las personas de logros rara vez se sentaban y dejaban que las cosas les sucedieran. Salieron y sucedieron cosas ".". - Leonardo da Vinci

CAPÍTULO CUATRO: DOSIS DIARIA DE AUTODISCIPLINA

El mundo de hoy nos ha forzado literalmente a algunas realidades. Y la verdad sobre este cambio es terrible. Piensa en el éxito como uno solo. Para tener éxito en cualquier trabajo, debes tener como ingrediente esencial las habilidades técnicas para desempeñarse eficazmente. El ingrediente añadido para la excelencia es la creatividad. Pero no todo el mundo entra en esta categoría. No es por nada; es sólo que los seres humanos no han sido capaces de fijarse metas para lograrlo. Fijarse metas te da control. Siempre hay una dirección a seguir. Te da una idea de por dónde debes empezar, qué dirección debes tomar y finalmente, tu destino está asegurado. Algunos incluso tienen la idea de establecer grandes objetivos, pero se quedan atascados en el proceso de alcanzar esos objetivos a largo plazo.

Hay diferentes maneras de alcanzar las metas. Mantener algunas metas (que pueden ser una carrera, vida, familia, etc.) tiene sus propias estrategias. Este proceso depende de la persona involucrada, ya que no todos están en el mismo nivel de logro. El personal de alto nivel de la gerencia tendrá metas concisas y será muy útil para alcanzarlas debido a los muchos años de establecer metas. La experiencia en cuestión distinguirá la tasa de éxito en comparación con la de un funcionario de nivel directivo inferior.

Sin embargo, con una intensa autodisciplina, lograrás estas metas de manera efectiva. La autodisciplina es una habilidad esencial y útil que todo el mundo debe poseer. Y por muy importante que sea esta habilidad, sólo unas pocas personas reconocen su importancia. Ser auto disciplinado no significa necesariamente que tengas que ser demasiado duro contigo mismo o expresar el mismo sentimiento a las personas que te rodean. Esto no significa que deba limitar tu estilo de vida a uno aburrido. La totalidad de la autodisciplina es tener autocontrol. Es la capacidad de medir tu fuerza interior y cómo puede transformarse para controlar tus acciones. Entonces tienes la conciencia de reaccionar sin prejuicios.

Tener autodisciplina te permite continuar con la toma de decisiones, lo que te ayuda a lograr tus metas con facilidad. Es más sobre la fuerza interior para mantenerte en marcha. Tiene control sobre otros hábitos internos terribles. La adicción y la procrastinación es un hábito profundamente arraigado que la autodisciplina ayudará a eliminar. Dicho esto, es evidente que la autodisciplina es necesaria para nuestra vida cotidiana.

10 CONSEJOS IMPORTANTESPARA DESARROLLAR UNA FUERTE AUTODISCIPLINA

Lo mejor de la autodisciplina es que es un comportamiento que se puede aprender. Nuestras decisiones están vacías de impulsos y sentimientos inestables. Aquí hay consejos útiles para desarrollar una fuerte autodisciplina.

1. **Establece una fecha**

Las investigaciones han demostrado que poner fechas en las actividades ayudan a mantenerse enfocado y decidido a lograrlas. También ayuda a mantener un régimen, lo cual, a largo plazo, ayuda a construir una fuerte autodisciplina. Por ejemplo, puedes asignar una actividad a los lunes, y darle seguimiento consistentemente. Con suficiente tiempo, habrías creado un régimen para esa actividad y, a su vez, habrías preparado la autodisciplina para realizar siempre esa actividad los lunes. Podrías pensar en separar los jueves para tu clase de karate. Una vez que estés comprometido durante las primeras semanas, un conocimiento subconsciente erupcionará. Incluso sin establecer recordatorios, llegarás a saber que los jueves no son para una fiesta en la piscina. Consigue una pegatina y pégala en tu calendario con el nombre de la actividad. O puedes crear un recordatorio en tus dispositivos móviles

2. Identifica lo que te motiva

La prioridad es esencial para identificar qué tan auto disciplinado eres. Concéntrate en lo más importante. No hay necesidad de meterse en lo que te degradará y desestabilizará. Y el compromiso no se establecería si no estás seguro de lo que necesita hacer exactamente. Siempre hay una alta posibilidad de éxito cuando hay un sentimiento de urgencia. Mantén la mentalidad de "debo". "Siempre debo lucir pulcro, sin importar lo cansado que esté".

Necesitas motivación para empezar. Una vez que hayas priorizado tus objetivos, adjunta módulos que te mantengan en marcha. Tu meta podría ser obtener un ingreso estable para mantener un estilo de vida cómodo. Este objetivo es apropiado y específico. Una vez que identifiques que un ingreso estable es esencial, te ayudará a enfocarte en tus metas. Con esto te das cuenta de que puedes controlarte contra otras cosas que podrían tener un efecto negativo en tus ingresos. Comprende también que no puedes ser auto disciplinado si no estás motivado para continuar.

3. Afirma tus metas y visualiza los beneficios que obtendrás

Debe haber un plan para alcanzar los objetivos fijados. La mayoría de las veces, nos distraemos por el resultado que descuidamos las estrategias para hacerlas funcionar.

Analiza cómo crees que esto funcionará bien para ti. Asegúrate de ser lo más específico posible. Los beneficios descritos te darán un sentido de responsabilidad. Imagina que has destacado que uno de los beneficios de comer saludablemente es la buena forma del cuerpo. En el momento en que empiezas a alimentarte bien, y notas el cambio en tu cuerpo, puedes marcar rápidamente los beneficios como los que ya has logrado. Te empujará a un lugar donde abrazarás otros intereses que has descubierto.

Afirme consistentemente sus metas y los beneficios que obtendría de ellas. Su mente estará en sintonía repetidamente con esos objetivos establecidos. Si dices todas las mañanas: "Soy un gran atleta porque batiré el récord de conseguir una beca de 4.000 dólares", "Estoy consiguiendo ese contrato, y eso me convierte en un mejor ingeniero". Con el tiempo, su mente se vuelve disciplinada y determinada a alcanzar estas metas.

4. Haz planes alcanzables y apégate a ellos

Las tentaciones están destinadas a surgir siempre que se esté decidido a alcanzar una meta. Pueden ser una distracción las redes sociales o incluso tus amigos. Algunas también pueden venir cuando parece que no estás progresando. Comprenderás que esto podría impedirte alcanzar tus objetivos. Sin embargo, tus metas deben ser alcanzables. No seas ambiguo. Deje que sea intenso a tu gusto, condición de trabajo, estilo de vida y rutina. Incluye la cantidad exacta, la hora, las personas y las fechas. Estas variables hacen que sea fácil atenerse a la fórmula establecida.

5. Haz de tu régimen una combinación de cosas que necesitas hacer y de cosas que deseas hacer

La investigación de la ciencia de la gestión ha demostrado que la combinación de estas dos actividades ayuda a formar buenos hábitos y también ayuda a lograr rápidamente lo que se necesita. Puedes hacer las cosas, incluso en la diversión de hacer otras cosas. Sólo tienes que decidir qué se puede combinar para obtener el resultado deseado. Por ejemplo, quieres tener un día de chicas para hablar y divertirte. Puedes elegir el mismo día que elegiste para el gimnasio.

Después de algunas bromas, acuerda con tus amigos ir a una sesión de ejercicios. Incluso puedes hacerlo competitivo. De esta manera, has logrado una actividad que necesitas al combinarla con un evento que deseas.

6. Duerme y come bien

La falta de sueño y alimentación adecuada hace que la corteza prefrontal (que es responsable de la autorregulación) se desempeñe menos de lo esperado. Además, la capacidad de concentración de una persona cuando tiene hambre se reduce al mínimo, ya que la falta de alimentos causa falta de azúcar, lo que a su vez debilita a la persona. El hambre produce una sensación de falta de voluntad. Siempre va acompañada de cansancio. Tu fuerza de voluntad para hacer cualquier cosa está siendo afectada. Por lo tanto, no estás motivado para concentrarte en lo que necesitas hacer. Para mantenerse concentrado y disciplinado, asegúrate de comer y dormir adecuadamente.

7. Recompensa cada progreso

¿Recuerdas cuando eras niño y tus padres dijeron que te recompensarían con un regalo si aprobabas tus exámenes? Y cada vez que cumplían su promesa era motivación para que estudies más? Esta lógica también funciona para construir la autodisciplina. Si te recompensas por cada progreso que haces, de esa manera te mantienes motivado para hacer más, concentrándote en los beneficios que se obtendrán.

8. Obtén un Círculo Auto-Disciplinado

La motivación externa es la primera hélice de la formación de hábitos. Así como la presión de grupo puede hacer que una persona forme malos hábitos, tener un círculo de amigos auto disciplinados puede motivarte a ser auto disciplinado. Como dice el dicho: "Dime con quien andas, y te diré quién eres". Rodéate de personas que te den una sensación de satisfacción. Estas son personas que tienen el mismo sistema de creencias que tú. Incluso cuando parece que estás perdiendo fuerza de voluntad, consigues encontrar fuerza en su resiliencia. Te animarías fácilmente si supieras que tus amigos han sido capaces de dominar un curso en particular con el que tú estás luchando.

9. Hazlo por ti mismo

La autodisciplina es buena, pero lo más importante es que es mejor si el propósito no está sesgado. Si tu objetivo es ser más disciplinado, asegúrate de que sea únicamente una decisión tomada por ti. De esa manera, apreciarás cada progreso que hagas. Esto no significa que no puedas buscar consejo profesional o ayuda de tus amigos. Sólo significa que tienes que ser sincero sobre tus planes de acción sin ningún tipo de prejuicio.

10. Desafíos Futuros

No querrás caer en el autoengaño creyendo que todo funcionará según lo planeado. Podría tropezar, averiguar qué lo desencadenó y evitar caer en el mismo problema en el futuro. Pronostica otros desafíos que puedan surgir a medida que avanzas en el camino de la autodisciplina. Piensa en distracciones y problemas, no tienen que someterte. Crea un plan para abordarlos.

7 PRÁCTICAS DIARIAS PARA MANTENER LA AUTODISCIPLINA

La autodisciplina no se puede alcanzar en un día. Requiere consistencia y perseverancia, y sólo las prácticas diarias pueden construirla. Comprométete a saber que el viaje hacia la autodisciplina máxima no es aceptable, pero el final es siempre algo recordar. Aquí están las prácticas diarias que puedes usar para construir tu autodisciplina.

1. La prueba del baño frío

Todo el mundo odia los baños fríos, especialmente por la mañana. Esa ráfaga de hielo que golpea tu rostro cuando todavía estás tratando de mantener los ojos abiertos puede ser bastante molesta. Se requiere mucha decisión y disciplina para someterse a esa explosión de hielo todas las mañanas. Y si puedes salir adelante cada mañana, ese es otro paso hacia la máxima autodisciplina. Prepare tu mente para el hecho de que la autodisciplina no se será atractiva al principio. Y puede incluso llegar a ser una carga y consumir mucho tiempo a medida que avanza el tiempo. Requerirá mucha paciencia y compromiso, especialmente si no estás dentro de tu cultura. Pero al final, tendrás más razones para mantenerte disciplinado.

2. Meditación diaria

Sentarse en un lugar con los ojos cerrados y escuchar la respiración puede parecer tonto al principio. ¿Pero sabes que la meditación es una gran manera de construir el autodominio? Porque requiere un alto nivel de concentración para que te sientes en un lugar y escuches conscientemente tu respiración. Considera hacer esta práctica todos los días, y aumentarás la fuerza de tu autodisciplina. Además, la meditación ayuda a aclarar tu mente, lo que a su vez te permite reconectarte con tu ser interior. Trata de sentarte y escuchar tu respiración todas las mañanas. Después de algunas semanas, habrás disciplinado tu mente para concentrarte en tu ser interior y habrás construido tu autodisciplina a través de este ejercicio.

3. Identifique tus puntos débiles

Todo ser humano tiene debilidades, y la mayoría de nosotros tendemos a pasarlas por alto. Ser disciplinado significa que entiendes tus defectos, desafíos y debilidades, pero estás decidido a superarlos. Si eres un "glotón" pero estás comprometido a dejar de comer fuera de proporción, el primer paso es reconocer tu problema. "Es que me gusta saborear todo lo que veo, o no me satisface comer más carbohidratos "entonces, pregúntate, ¿Cómo puedo resolver este problema? Después de haber adquirido una solución, haz un seguimiento consciente de la misma teniendo en cuenta la imagen del resultado (menos peso). Admitir estos defectos es el primer paso para superarlos. Por lo tanto, para alcanzar el estado máximo de autodisciplina, debes reconocer que hay una necesidad de la autodisciplina y los obstáculos que te impiden alcanzarla.

4. Corre todas las mañanas

Una carrera de una milla toma de seis a diez minutos y una nueva determinación para salir adelante. Puede parecer difícil de lograr al principio, pero es una herramienta útil para aumentar la resistencia y la disciplina. Correr todas las mañanas te da un arranque automático para el día y suficiente energía para salir adelante. Asegúrese de hacerlo antes del baño frío para maximizar el crecimiento de su autodisciplina. Si eres reacio a hacer esto solo, habla con un amigo al respecto y los dos podrán empezar. Asegúrate de que tu objetivo de correr se cumpla.

5. Tiende tu cama

Todo el mundo quiere levantarse, saltar de la cama y seguir adelante con su día. Nadie ve la necesidad de tomar de dos a tres minutos para tender sus camas. Por lo tanto, se requiere mucha disciplina para decidir conscientemente tender la cama. Siempre convéncete de que es necesario tender tu cama porque promueve un hábito positivo de limpieza. Lo bueno es que toma muy poco tiempo. Un esfuerzo consciente para hacerlo cada mañana puede mejorar significativamente tu autodisciplina.

6. Elimina las tentaciones

Las tentaciones y distracciones matan la disciplina. Sin ellas, es posible alcanzar la máxima autodisciplina. Sin embargo, su presencia hace que seas lento o te dé por vencido. Cada distracción o tentación es única para cada objetivo, y entenderlos te ayuda a eliminarlos y a mantener el rumbo, lo que aumenta tu confianza en ti mismo. Cuando estés tentado o desanimado, recuérdate que "este es el mejor momento para dar lo mejor de mí".

Las afirmaciones por sí mismas no erradicarán las tentaciones. Analiza esas cosas que te obsesionan, deshazte de ellas y rehúsate a realizarlas Si estás tratando de leer, mantente alejado de la PlayStation. Los videojuegos no te ayudarán a concentrarte durante los exámenes. Haz un horario de cuándo salir con tus amigos si te ves desperdiciando un momento productivo con un conocido cercano. Si tienes problemas para estudiar un libro electrónico en tu teléfono debido a las actualizaciones de un juego de aventuras, cierra la aplicación o desinstálala si es necesario.

Que la tentación sea un recordatorio positivo de que lo has estado haciendo bien, y que no es el momento de rendirse.

7. Sé Intencional Sobre tus Metas

Para conseguir unos mejores resultados, es necesario un compromiso general con los objetivos diarios. No serías la mejor versión de ti mismo si no hubieras tenido el propósito de alcanzar tus metas. Empieza por dejarlo claro. Escríbalas. Tu diario o cuaderno de notas puede ser un excelente lugar para escribirlo. También puedes escribir cualquier afirmación que creas que te motivará a seguir adelante.

20 AFIRMACIONES POSITIVAS PARA INSPIRAR AUTODISCIPLINA

Todo lo que te dices a ti mismo constantemente se queda en tu mente permanentemente. Esto crea una percepción que es en la que trabajas. Esta es la razón por la que las afirmaciones son una parte significativa de la construcción de la autodisciplina. Cada día cuando te despiertes, di estas afirmaciones.

1. Soy una persona fantástica, y estoy agradecida por esta oportunidad de crecer.

2. Estoy decidido a mejorar mental, espiritual y emocionalmente.

3. Debo trabajar en mí mismo. Estoy haciendo lo correcto.

4. Este día es un día excelente para mí, y lo estoy pasando con un espíritu de gratitud.

5. Me adapto a lo que estoy llegando a ser: mi fuerza me motiva, y mis debilidades me desalientan. Supero todas las faltas. Mis defectos se convierten en ventajas.

6. En este día, estoy definiendo intencionalmente los límites y eliminando toda forma de distracción y tentación.

7. Tengo el control total de mi tiempo, y hoy no tengo ningún mal hábito.

8. Soy fuerte y capaz de ser auto disciplinado, además de que alcanzaré mi máximo estado de autodisciplina

9. En todo momento, sé lo que se espera de mí, y eso es lo que haré.

10. Estoy cumpliendo con cada tarea que tengo hoy. Soy consciente de los beneficios de vivir saludablemente. Por lo tanto, comeré bien.

11. Estoy dando lo mejor de mí en todo lo que hago hoy. Prospero en el trabajo de mis manos.

12. Hoy, cuando decido hacer mi rutina diaria, logro todo lo que se me propone. Soy organizado y puntual en cada área de mi vida.

13. Ningún desafío puede derribarme. Supero todas las dificultades. Las circunstancias naturales no me detienen.

14. La preocupación no resolverá mis problemas. Por lo tanto, no me preocuparé por nada.

15. Mi imaginación es activa. Utilizo mi poder imaginativo para crear excelencia. Mi mente está abierta a recibir nuevas ideas. Soy rápido para actuar por impulso positivo. Estoy motivado desde dentro. ¡Nada puede detenerme!

16. Mi mente se siente atraída por la positividad. No veo la negatividad. Estoy progresando a pasos agigantados.

17. Afirmo que soy una ventaja en mi mundo. Este no es el momento de rendirse conmigo mismo. No soy ordinario. No me intimidan los desafíos

18. Yo reinaré en la vida. Todas las cosas funcionan juntas por mi bien. Estoy fortalecido y energizado para la victoria de hoy.

19. Soy consciente de la vida. Mi cuerpo es enérgico y lleno de vitalidad. No hay espacio para la enfermedad, la dolencia, el malestar o cualquier cosa que traiga dolor a mi cuerpo.

20. Nada puede derribarme. No veo la tentación actual. Estoy lleno de beneficios.

CAPÍTULO CINCO: LOGRAR LA CONCENTRACIÓN

El ser humano promedio tiene un corto período de atención que no dura ni siquiera ocho minutos. Sorprendentemente, esa es la capacidad de atención de un pez dorado. Debido a la vida digital, este número se ha reducido aún más. El cerebro siempre está atento a la próxima cosa emocionante que suceda en el medio ambiente. Lo más probable es que nos aburramos por este motivo.

Tu capacidad para concentrarte y prestar atención a tu entorno es esencial para tu supervivencia. Es una habilidad, y tienes que mejorarla para hacerlo mejor. La concentración es igual que el sistema muscular del cuerpo. Mientras más ejercicio, más fuerte y sustancial te vuelves. El proceso para lograr la concentración es una batalla mental en la que tienes que participar para mejorar. No pienses en la idea de que tú eres el tipo de persona que fácilmente pierde la concentración. Aceptar esa narrativa significará tu perdición.

La pregunta que queda ahora es: ¿Cómo se puede construir y desarrollar la concentración? En una época en la que todo está compitiendo por tu atención y tirando de ti en diferentes direcciones, ¿Qué se puede hacer para mantener tu mente alerta?

10 EJERCICIOS DE ATENCIÓN PARA AUMENTAR LA CONCENTRACIÓN

Como mencioné antes, tu mente y tu fuerza de concentración pueden ser ejercitadas para aumentar su valor. Al igual que un instructor de gimnasia le enseñará ejercicios para que desarrolles diferentes partes de tu sistema muscular, hay otros ejercicios para la mente que pueden ser usados para construir tu "sistema de concentración". Recuerda, tu éxito depende en gran medida de lo bien que puedas concentrarte y capturar los detalles que te rodean. Aquí están algunos de esos ejercicios que puedes hacer:

1. **Ejercicio Uno:** Toma un libro o revista y ábrelo en cualquier página que te parezca interesante. Lee esa página y entiende su contenido. Comience a contar las palabras de la página, párrafo tras párrafo. Al contar, toma nota de cada palabra contenida en cada párrafo. Trate de entender su función en cada frase. Entonces revísalo y haz un recuento. Una vez que notes que puedes contar fácilmente las palabras del primer párrafo, puedes pasar al siguiente.

2. **Ejercicio Dos:** Cuenta regresivamente del 100 al 1. Haz un dibujo de cada número a medida que lo cuentas y hazlo más rápido posible. Concéntrate en imaginarte los números enteros en una línea de diez. Aumente su conteo a un rango de 500 y 1000.

3. **Ejercicio tres:** Toma un objeto y enfoca toda tu mente en él. Podría ser una fruta, un juguete o cualquier otro objeto. Observe sus componentes y características, las cosas que componen este objeto en particular. Tome nota de su forma, color, tamaño, defectos y todo. Continúa escogiendo todas estas cosas y no permitas que tu mente se desvíe mientras hace esto. Aunque lo haga, llévala de vuelta al inicio. Haz esto por tres minutos a la vez y continúa aumentando hasta que finalmente lo domines.

4. **Ejercicio cuatro:** La próxima vez será para visualizar el objeto que acaba de observar. Cierre los ojos por un momento y trate de imaginar lo que ha estudiado durante algún tiempo. ¿Cómo es que tu mente te muestra la imagen? Trata de traer de vuelta todas esas cosas que descubriste mientras observabas el objeto. Si tu mente no logra producir un modelo claro, ábrelo por un rato y observa de nuevo. Luego cierre los ojos y vea qué tan bien se forma la imagen. Haz esto

repetidamente hasta que finalmente pueda visualizar el objeto en su forma completa.

5. **Ejercicio cinco:** Elige una palabra o frase en particular en tu mente y sigue repitiéndola para ti mismo en tu mente. Haz esto silenciosamente sin causar ninguna atención hacia ti mismo. Haz esto hasta que tu mente aprenda a concentrarse durante todo el proceso durante unos diez minutos.

6. **Ejercicio seis:** Puedes jugar un pequeño juego con tu nariz. Cuando pase por un jardín de flores o por el parque local, mantén la nariz abierta y lista para captar los diferentes tipos de olores de flores que se pueden detectar. Este ejercicio requiere un cierto nivel de concentración para diferenciar los distintos olores del ambiente.

7. **Ejercicio siete:** Toma una buena posición y quédate quieto. Puedes acostarte o sentarse en una silla. No se mueva mientras permanezca en esa posición. Mantenga su concentración total en los latidos de su corazón. Trate de imaginar el mecanismo del flujo sanguíneo a través de su sistema y trate de averiguar a dónde llega la sangre alrededor de su cuerpo. Con la práctica constante, pronto podrás sentir que tu sangre fluye a través de tu cuerpo.

8. **Ejercicio ocho:** Practique el arte del autocontrol. Podrías ser el tipo de persona con un fuerte deseo de hablar y derramar secretos sobre los demás. Al aprender a controlar estos impulsos, serás capaz de energizar tu fuerza de concentración. Al El mantener estos impulsos controlados es más poder del que podrías comprender. Te ayudará a poner Tu voluntad y deseo en jaque. No importa lo emocionantes que sean las noticias, haz todo lo posible por mantenerlas en secreto hasta la hora señalada para la cual deben ser reveladas.

9. **Ejercicio Nueve:** Trata de mantener tu mente libre de cualquier forma de pensamiento. Esta será probablemente la más difícil de todas las otras actividades. Su mente está

siendo constantemente bombardeada con ideas, y para mantenerlas fuera requiere mucha concentración. Trate de hacer esto por un minuto a la vez. Una vez que se logre ese tiempo, puedes pasar a cinco minutos y luego a diez minutos.

10. **Ejercicio 10:** Participa en el arte. El arte aquí no sólo se refiere a la pintura, los dibujos o las esculturas. El arte es mucho más amplio que eso. El arte está en tu conversación diaria. El arte está en las películas que ves y en la canción que escuchas. Presta más atención, y no hagas estas cosas porque estás aburrido. Puede que no sepas lo que puedes descubrir, y finalmente aprenderás a concentrarte prestando atención a estas pequeñas cosas.

5 EJERCICIOS DE PLENA ATENCIÓN PARA DESARROLLAR CONCENTRACIÓN

La concentración es considerada un ingrediente esencial para el éxito en la vida o en cualquier esfuerzo. Es un rudimento a las mejoras de tus mecanismos de pensamiento tales como tu capacidad de aprendizaje, fuerza de percepción y resolución de problemas. El aprender a construir la concentración se vuelve muy importante cuando se consideran estos factores. La concentración le ayuda a lograr la claridad mental. Hay varias maneras de empezar a practicar cómo crear la concentración y utilizarla para completar cualquier tarea.

La atención en este sentido se refiere a un estado de estar presente en el momento. Es ser consciente y abierto en el momento. La atención disuade a la mente de vagar y perder su lugar.

1. **Ejercicio Uno:** Nunca eres el mejor cuando tienes prisa. Cuando disminuyes la velocidad, aprendes a reconectarte con el medio ambiente. Disminuye la velocidad mientras caminas por la entrada. No mastique la comida demasiado rápido.

Toma tu mente y aprecia el mundo que te rodea. La ralentización no significa que seas vago o perezoso, la ralentización es mirar más profundamente y prevenir errores. Recuerda lo que dicen: Lento, pero seguro gana la carrera.

2. **Ejercicio Dos:** ¿Qué ves cuando cierras los ojos? ¿Qué hay detrás de tus párpados cerrados? Los ojos son una fuente importante de distracción para la mente. Cierra los ojos y corta esa distracción. Cierra los ojos y concéntrate en las imágenes de tu mente. Escucha los sonidos a tu alrededor. Tus otros sentidos funcionan mejor una vez que sus ojos están cerrados, así que ciérrelos y ve lo que puedes descubrir.

3. **Ejercicio tres:** Entrena tus ojos para captar el patrón de las huellas. Aprender los pasos es una manera correcta de entender la naturaleza humana y animal. Los pasos son como mensajes que necesitan ser descifrados. Si puedes entrenar tu mente y tus ojos para captar cosas tan pequeñas y aparentemente insignificantes como un patrón de pasos, será bastante más fácil escoger lo esencial.

4. **Ejercicio cuatro:** Cada vez que somos propensos a emociones que no necesariamente entendemos. Es posible que pronto nos encontremos sin prestar atención a lo que sentimos. Este ejercicio implica que encuentres un nombre para tu emoción y que señales la razón por la que te sientes de esa manera.

5. **Ejercicio cinco:** Observa a las personas que te rodean. Puedes practicar en una oficina o en cualquier espacio público. Mantén tus ojos en una persona y observa lo que está haciendo. Observa su lenguaje corporal y su forma de vestir. Trata de mantener una imagen de ellos en su mente, para que los olvide una vez que le quite los ojos de encima. Sea más consciente de las personas que le rodean y de las acciones que llevan a cabo.

10 MANERAS DE DERROTAR LAS DISTRACCIONES

La mayoría de las veces, empezamos con buenas intenciones de tener nuestras mentes en la tarea a realizarse, pero algo sucede que pronto descubrimos que hemos perdido la concentración. Sabes que tienes la habilidad, la fuerza y el impulso para seguir adelante, pero las distracciones siempre tienen la ventaja y pronto notas que has sido dominados. Piensa en las distracciones como pequeñas plagas en tu lugar de trabajo que perforan agujeros e impiden la productividad. Si no haces nada al respecto, se vuelven más fuertes y continúan construyendo su red sobre ti. Si tan sólo puedes tomarte un tiempo libre y tratar de calcular cuántas horas has perdido por distracciones, entenderás lo mal que se ha vuelto la situación. Y la verdad es que las distracciones son tan poderosas, y es necesario hacer esfuerzos conscientes para poder derrotarlas. Algunas de estas estrategias te ayudarán a mantenerse en la cima y superar las distracciones:

1. **Identifica tus fuentes de distracción:** Diferentes personas tienen diferentes cosas que los distraen. Para algunos, sería ver videos de balé en YouTube, mientras que para otros, serían sus propios pensamientos. Todo lo que necesitas hacer primero es identificar lo que constituye una distracción para ti. Este es el primer paso para eliminar estas plagas.
2. **Desarrolla hábitos a prueba de distracciones:** Hay pequeños hábitos construidos con el tiempo que pueden ayudarte a convertirte en una mejor persona en general. Para que estos hábitos crezcan, primero debes crear un ambiente amigable y sin distracciones para ellos. Nunca es una tarea fácil, y requerirá mucho trabajo. Pequeñas cosas como el bloqueo de anuncios y el apagar el teléfono pueden ayudarte a crear estos hábitos. Otras personas a tu alrededor deberían tener la idea de que has entrado en un modo libre de distracciones y puedes informarles con actos sencillos como cerrar la puerta de tu oficina o ponerte los auriculares. Guarda todo lo que pueda servir como fuente de distracción, y tu

mente comenzará a aprender que puede prescindir de esas distracciones.

3. **Mantén tu mente bajo control:** Tus pensamientos son algunas de las fuentes más sutiles de distracción. Observa cómo tu mente comienza a vagar cuando está llevando a cabo las actividades más serias, incluso durante un examen. Usamos un buen porcentaje de nuestra mente pensando en otra cosa mientras realizamos una tarea. La clave aquí es notar cuando la mente está a punto de comenzar a distraerse y retenerlo. Esto significará prestar mucha atención a tu mente. Si hay un problema al que tu mente sigue volviendo, entonces deberías encontrar una solución a ese problema y liberar tu mente.

4. **No realice varias tareas a la vez:** Abundan los mitos sobre los beneficios de la multitarea. Aunque algunas personas son muy competentes en el acto, yo no lo apoyo. La multitarea no es sólo una distracción, sino una clara fuente de fatiga para el cerebro. Es posible que sientas que has logrado más cuando haces varias tareas a la vez, pero cuando lo revisas, descubrirás muchos más errores en las cosas que pensaste habías hecho bien. Detener una tarea y poner en marcha otra es un deterioro para tu cerebro y el enfoque puede perderse fácilmente.

5. **Un pequeño descanso te hará bien:** Siempre que notes que te estás distrayendo, puedes tomarte un breve descanso y reevaluar el trabajo que tiene entre manos. Trata de recapturar las razones por las que tiene que permanecer concentrado en tu trabajo y dale a tu mente una razón para concentrarse. u cerebro necesita que se le recuerde por qué la tarea es importante y por qué las distracciones no deberían ser una opción.

6. **Divida las tareas en fragmentos más pequeños:** Las distracciones son más propensas a presentarse cuando un proyecto parece abrumador. Es mejor que las tareas se

dividan en proyectos más pequeños para que el cerebro se engañe y piense que el trabajo es más fácil y que tomará mucho menos tiempo. Con cada proyecto realizado, se siente una sensación de logro que te lleva a hacer más.

7. **Establece fechas límite para cada tarea:** No empieces una tarea sin una fecha límite. El tiempo lo es todo. Dele a tu mente y a tu cerebro un tiempo para completar la tarea. Esto le dará un sentido de urgencia, y tu mente estará ansiosa por lograr el trabajo más rápido.

8. **Hazte a un lado:** Esto va para las personas que son propensas a distraerse cuando la gente está a su alrededor. Es necesario tener gente a tu alrededor en todo momento, pero también debes ser capaz de identificar cuándo constituyen una distracción en tu vida. Antes de comenzar una tarea, puedes decirle a la gente que te rodea lo importante que es y cuánto espacio te gustaría que te dieran. O puedes alejarte de ellos hasta que termines el trabajo. Es posible que no entiendan lo importante que es para ti completar esa tarea con éxito.

9. **Lleva un registro del patrón diario de tu vida:** Tendría sentido que llevaras un registro de las actividades de cada día por la noche para averiguar cuánto tiempo pasas haciendo qué. Esta evaluación te ayudará a identificar rápidamente los patrones de distracción en tu vida que necesitas combatir. Una vez que se hayan identificado estos hábitos, puedes empezar a trabajar para crear hábitos que eliminen su efecto.

10. **Empieza temprano:** Anteriormente en este libro, hablamos acerca de permanecer en la cama hasta que su cuerpo esté listo para levantarse. Pero a veces necesitas empujar tu cuerpo fuera de la cama para hacer las cosas. Este período del día es el que mejor se utiliza para comenzar el día. Hay pocas distracciones en este punto del día, y tu mente está más activa y lista para actuar.

7 ALIMENTOS QUE PUEDEN AYUDAR A AUMENTAR TU PODER MENTAL

Debes hacer todo lo posible para proteger tu cerebro y ayudar a aumentar su poder operativo. La importancia de tu cerebro es muy relevante. Está a cargo de un montón de cosas que pasan alrededor de tu cuerpo. Cuando se consideran todos estos factores, se descubre por qué es muy importante mantener el cerebro en un estado de funcionamiento óptimo.

Algunos alimentos se pueden tomar para que el cerebro funcione al máximo. Estos alimentos tienen un gran impacto en la estructura y la salud del cerebro. También tienen algunos nutrientes menores y mayores que son necesarios para que el cerebro funcione a niveles óptimos. Se ha comprobado con el tiempo que las partes de nuestro cuerpo comienzan a deteriorarse a medida que envejecemos, y esto incluye el cerebro también. Pero incluso así, puedes ayudar a tu cerebro a mantener su salud a medida que aprendes a comer de forma inteligente. Algunos de estos alimentos pueden ayudar a que tu cerebro funcione mejor:

1. **Arándanos**

Diferentes investigaciones han demostrado que los flavonoides producidos por esta fruta son muy útiles para mejorar la memoria. También se sabe que protegen el cerebro y reducen los efectos de la enfermedad de Alzheimer y la demencia. El cerebro necesita los antioxidantes producidos por los arándanos, como también para mejorar la comunicación entre las células cerebrales. Puedes agregarlos a tu cereal en las mañanas o exprimir su jugo.

2. **Pescado Graso**

Se sabe que los ácidos grasos Omega-3 contenidos en el pescado graso reducen la cantidad de beta-amiloide en el torrente sanguíneo. La beta-amiloide es una proteína que forma bultos en los vasos sanguíneos y el cerebro, causando así la enfermedad de Alzheimer. Los ácidos grasos omega-3 también ayudan a aumentar el flujo sanguíneo hacia el cerebro. Algunos de estos peces incluyen sardinas, atún, y salmón.

3. **Brócoli**

Los glucosinolatos contenidos en el brócoli son descompuestos por el cuerpo para formar isotiocianatos. Se sabe que estos isotiocianatos reducen la posibilidad de que ocurran enfermedades degenerativas en el cuerpo. El brócoli también es muy rico en flavonoides y vitamina C, que también son necesarios para la salud cerebral.

4. **Cúrcuma**

La curcumina contenida en la cúrcuma entra en el cerebro para beneficiar directamente a las células que se reproducen allí. La curcumina es un potente compuesto antioxidante y antiinflamatorio que beneficia al sistema de memoria del cerebro. Los estudios también han demostrado que ayuda a mejorar el estado de ánimo cuando se ingiere.

5. **Granos integrales**

Se sabe que los granos enteros contienen muchas vitaminas, lo que es muy importante para el desarrollo del cerebro y del sistema neurológico. Los granos integrales incluyen alimentos como la cebada, el arroz, la avena y la pasta integral. Algunos de ellos se pueden tomar como cereal temprano, o se pueden hervir y tomar con salsa. Todo queda en manos de tu imaginación culinaria.

6. **Col rizada**

La col rizada es otra verdura que contiene glucosinolatos y, al igual que el brócoli, también se sabe que ayuda a reducir la susceptibilidad del cuerpo a las enfermedades degenerativas y a mantener el cerebro sano y listo para funcionar.

7. Té verde

La cafeína, que es muy importante para la función cerebral, se puede encontrar en el té verde. Tomar té verde por la mañana puede ayudar a darle al cerebro una dosis de alerta, memoria y concentración. Otro nutriente esencial en el té verde es la L-teanina que es un aminoácido que promueve las actividades del neurotransmisor GABA. La L-teanina también puede ayudar al cerebro a relajarse ante una actividad estresante.

CAPÍTULO SEIS: DERROTAR LOS MALOS HÁBITOS

A estas alturas, debes haber estado practicando los consejos dados en los capítulos cuatro y cinco acerca de la autodisciplina y la concentración. Sin embargo, se debe hacer un esfuerzo consciente para mantener lo que se ha aprendido. El aprendizaje profundo y sostenido requiere que el alumno comprenda la posición en la que está aprendiendo. Conocer su ritmo y la actitud involucrada es un buen punto de partida. No es suficiente adquirir nuevas habilidades, sino también identificar esos patrones de comportamiento negativos que arruinan tu productividad. Estos son reveses que han sido parte de tu vida. Pero ¿Qué pasa cuando descubres que las actitudes negativas que frustran tu proceso de aprendizaje son tus hábitos? Y estos hábitos, al momento en el que uno se da cuenta, han reducido el ritmo al que se alcanzas el nivel de productividad. Nuestra atención no se centra en cuándo comenzaron los malos hábitos, ya que algunos comenzaron los suyos a una edad muy temprana, mientras que otros los desarrollaron a medida que crecían hasta la edad adulta. Es bueno que se identifiquen y tus estadísticas deben haber resumido el efecto por tiempo, desde emocional, psicológico, de salud, etc.

Los malos hábitos tienen una forma de lidiar con uno. Algunos comienzan con nuestro ser interior. Procede a destruir nuestra propia imagen y autoestima mientras muchos otros reflexionan sobre nuestro nivel de productividad. Cualquiera que sea el efecto, puedes derrotarlo. Debes saber que el impacto adverso de estos malos hábitos puede ser tan peligroso que afectan tu salud y estado mental. Y un ser enfermo no puede rendir al máximo de sus capacidades.

12 MALOS HÁBITOS QUE ESTÁN MATANDO TU PRODUCTIVIDAD

1. Tratar de hacer todas las tareas

Los humanos no son robots. Y nadie espera que hagas todo. Incluso los robots están programados para un trabajo específico. Pero la mayoría de las veces, tiendes a sobrecargarte de trabajo probando cada tarea. Intentar algo nuevo no está mal, pero hacer todas las tareas es el problema. Tiendes a perder la concentración cuando haces eso. No podrás especializarte. Sería un error ver a un gerente de ventas realizando la tarea de un administrador de personal. Así como no puedes comer la comida de todos, tampoco puedes hacer todos los trabajos.

2. Dejar que las redes sociales te distraigan

Todo el mundo está entusiasmado con la nueva interfaz que viene con la última actualización, los filtros añadidos que embellecen la vista y la función de deslizamiento de una sola vez. Y como el trabajo ha ocupado el espacio de tus amigos más íntimos, es inevitable que consigas otro conocido que no se vaya pronto. Entonces pasas más tiempo con ellos hasta el punto de que se convierte en un hábito. Ese sentimiento de emoción que proviene de apegarse a sus amigos digitales en las diferentes plataformas de medios sociales; y las tendencias y actualizaciones siempre han sido un gran asesino para tu momento productivo.

3. Desorden

Es posible que no pienses en el desorden como algo importante hasta que te des cuenta de que no puedes conseguir lo que quieres sin buscarlo. ¿Por qué? Porque no está organizado como debiera. Un gabinete de oficina lleno de informes anticuados, periódicos y revistas puede perjudicar tu trabajo. Les muestra a tus colegas lo desorganizado que estás. Todas las oficinas tienen un sistema de archivamiento. Juntar un tipo de documento con otro desordena todo, y siempre tendrás que estar buscando lo que necesitas.

4. **Falta de un plan**

Despertarse en el día con la actitud mental correcta es bueno. Pero no tener la intención de cumplir el día no es algo bueno con lo que contar. Ceñirse al plan general o a un plan de "no plan" es un mal hábito que hay que eliminar. No puedes ir con la corriente cuando hay una meta que alcanzar. ¿Qué sucede si el plan general no es adecuado para tu tarea específica?

5. **Piensa en el trabajo todo el tiempo**

La principal pasión que alimenta tu trabajo es el amor que le tienes. Pero este amor no puede ser productivo si no está bien expresado. Pensar en el trabajo cada vez te mantiene preocupado. Tiendes a hacerte múltiples preguntas a la vez. ¿Qué debo hacer ahora? ¿Qué hay sobre el informe? ¿Cómo presento este papeleo? Y así sucesivamente. Entonces te distrae de crear tiempo para planear el trabajo. Lo que has estado haciendo es principalmente ansiedad.

6. **Lo primero es lo último, lo último es lo primero.**

Esta secuencia es una anulación total de la prioridad. Todo el mundo quiere algo, pero no todo el mundo ha sido capaz de determinar sus necesidades específicas en función de lo mucho que las necesita. Generalizar lo que necesita puede no ayudarte a hacer las cosas de manera diferente. Imagine dar demasiadas opciones cuando pueda estructurar sus necesidades en el orden de su importancia.

7. **La tarea fácil primero, las difíciles después**

La difícil tarea es técnicamente desafiante, y por eso se le llama así. La gente tiende a empujar la tarea más difícil hacia el futuro, mientras que éstas son las más importantes. Llegar a hacer el trabajo más sencillo primero, sin crear un plan estratégico sobre cómo resolver el más difícil, lleva la tarea a un punto muerto. Se vuelve más difícil cada vez que se le posterga. Posponer una tarea esencial para el futuro no te haría alcanzar tu objetivo. Incluso añade más presión al trabajo.

8. Quejas

Nuestro estado mental y psicológico en el lugar de trabajo podría verse afectado la mayoría de las veces, y es natural que los seres humanos se cansen. Y una actitud que refleja el cansancio es la expresión vocal que la acompaña. El murmullo y el soliloquio es un síntoma común. Las quejas provienen de un sentimiento negativo cuando no se logran los resultados correctos. Y los efectos de estos sentimientos resultan en una falta de voluntad para terminar la tarea.

9. El pedacito perfecto

La dedicación es un atributo que demuestra que tú valoras tu trabajo. Este catalizador a veces puede implicar añadir especias a la parte que constituye la perfección. La perfección es lo que define nuestra excelencia. Pero sería molestoso cuando condimentamos todos los trozos. Y los pedazos en sí mismos no son importantes para el resultado deseado. ¿Qué pasa si nos quedamos atascados? Nos frustramos, ¿verdad? Luego, el estrés aparece.

10. Negatividad

La negatividad es más una cosa de la mente que una cosa física, cuyo resultado se evalúa visiblemente. Todo comienza con la mentalidad equivocada de tener progresivamente un mal resultado. La mayoría de las veces no aparece porque alguien lo inspiró. Aparece como un recordatorio en tu mente. Te permite culparte, menospreciarte. Entonces se llega a la conclusión de que no se está en condiciones de alcanzar el objetivo o de hacer algo extraordinario. Lo que sucede es que el resultado de la productividad se reduce.

11. Indecisión

Muchas veces, nos enfrentamos a una gran decisión que tomar. Estas son opciones que determinan el progreso de nuestro éxito o un éxito totalmente intencionado. Podría incluso ser una preocupación que proviene del mundo exterior, pero que afecta a nuestro entorno inmediato. Un buen ejemplo es cuando se enfrenta a la decisión de ejecutar un proyecto con un puñado de clientes. Aquellos que tienen diferentes variables como tecnicidad, velocidad, experiencia, conocimientos, etc. Pero nadie quiere cometer el error de elegir el equivocado. Sin embargo, no hacer uno en absoluto no completaría la tarea. Su indecisión incluso prolonga la fecha de finalización.

12. Poco tiempo para descansar

Se cree que una siesta energética reaviva la energía y te prepara para comenzar una excelente tarea. Entonces, ¿Qué pasa si todo lo que te queda después de un día agitado es un poco de tiempo para descansar? La mayoría de las veces, el trabajo de oficina se toma en casa como horas extras. Pero tendemos a no lograr el mejor trabajo porque nuestro sistema corporal no ha sido revitalizado. Esta rutina es un hábito desagradable que necesita una segunda reflexión.

6 MANERAS DE ELIMINAR INMEDIATAMENTE LOS MALOS HÁBITOS

Eliminar los malos hábitos es una gran decisión para tomar. Algunos, con el tiempo, han optado por ignorar sus malos hábitos porque lo consideran una forma de vida adecuada. Otros han encontrado medidas para gestionarlos. De cualquier manera, la vida puede ser vivida al máximo cuando estás seguro de que ninguna actitud negativa te está consumiendo. Entiéndase que es muy posible eliminar los malos hábitos, y que se necesita estar preparado para hacerlo. Lo siguiente puede ser empleado como una guía para ayudarte.

1. Preparándose

Una gran manera de comenzar una tarea es cuando eres plenamente consciente de la tarea en cuestión. Lo mismo sucede con la eliminación de los malos hábitos. Prepárate para esta tarea. Prepárate significa decir: "Estoy listo para esto, y no hay mejor momento que ahora". Llega a la plena comprensión de que se ha propuesto para hacer lo mejor. Deja que empiece desde dentro de ti. Al igual que cuando se inclina a pensar de otra manera, alinéate con esta nueva mentalidad de "Este es el momento perfecto para eliminar esos malos hábitos, y estoy mejorando". Podrás estar tentado a sopesar tus opciones. No le des una oportunidad. Pon todo en su lugar para que se ponga en marcha.

- **Pensar de forma diferente**

Los seres humanos se sienten naturalmente cómodos cuando las cosas son fáciles. Y para ti, los malos hábitos deben haberte dado un poco de consuelo. Ya es hora de pensar de otra manera sobre toda la situación. Ten la mentalidad de que estás luchando una batalla con tus malos hábitos. Piensa en ti mismo como el soldado que está equipado con la armería moderna y tus malos hábitos sólo tienen armas de la edad de piedra. Sólo con esta mentalidad, ya te has colocado en una posición de victoria. Todas las demás medidas que se tomen no se considerarán graves.

- **Intencionalidad**

Es necesario afirmar una actitud deliberada en este sentido. Necesitas estar de pie para este nuevo movimiento a pesar de cualquier reto que pueda acompañar este ejercicio. Activar el poder de la mente para lograr el gran resultado de derrotar esos malos hábitos.

2. El enfoque del caracol

Si hay algo por lo que el caracol es conocido, es por su lentitud en el movimiento. Nadie te está sugiriendo que consigas un caracol (puedes hacerlo si quieres). Pero el enfoque del caracol trae consigo un entendimiento de que hay que empezar de a poco. Y empezar de a poco a veces puede parecer lento. Comprende que tu nuevo hábito no vendrá como un "big bang" sino en un estado estable. Tu objetivo en este nivel es el progreso. Asegúrate de que estás haciendo algo diferente respecto al viejo hábito. No hay necesidad de apresurarse.

3. **Identificar el por qué**

Puede que no hayas pensado en por qué haces las cosas que haces, quizás sólo porque se ha convertido en una parte de ti. Identifica las cosas que te motivan a hacer lo que haces. Tal vez pienses demasiado en tu trabajo cada vez que recibes un nuevo correo o te quedas activamente en las redes sociales cada vez que tienes una disputa con tu amigo. Simplemente identifica las causas detrás de esos malos hábitos y ya habrá comenzado el proceso de eliminación.

- **Evaluar**

Una evaluación sincera de tu comportamiento negativo es necesaria en esta etapa. Sinceramente compara las consecuencias de estas conductas con las correctas. Estarás de acuerdo en que el lado positivo supera por mucho al negativo. No te crucifiques cuando tengas un revés. Es una expectativa que es probable que ocurra. Asegúrate de volver a hacerlo pero de la forma correcta.

4. **Crear recordatorios**

Uno de los primeros impulsos que respaldan nuestro compromiso es cuando se nos recuerda constantemente. Necesitas que te recuerden que quieres eliminar estos malos hábitos. No sólo te ayudará en el presente, sino que también crearás una atmósfera para un gran futuro.

- **Recordatorios digitales**

Realizar un recordatorio puede funcionar bien con la mayoría de los dispositivos móviles. Puedes buscar aplicaciones que creen una lista de tareas pendientes, busca las opciones y activa la función de alarma. Crea una palabra o frase que continuamente te recuerde el hábito que deseas eliminar. Es bastante evidente que, a estas alturas, ya debes haber identificado la causa o los desencadenantes de tu mal hábito. Si el tuyo es estar en las redes sociales a menudo, tal vez quieras decir: "es hora de dormir". O si te gusta la negatividad, puedes tener esto: "Mi patrón de pensamiento negativo no me ayudará, merezco la felicidad, y eso es lo que funcionará para mí." Asegúrate de poner la alarma al menos 10 minutos antes del comienzo de los extremos. Sabrás cuándo estás a punto de llegar allí. Esta estrategia bien estructurada creará suficiente tiempo para que adaptes de forma eficaz.

- **Libro de registro**

Escribir las cosas tú mismo te dará la sensación de personalizar tu objetivo. Obtén un libro de registro en la librería o crea uno para ti. Divide la página en dos verticalmente. Empiece escribiendo tus terribles hábitos en el primer lado. Agrega recordatorios de lo que debe hacer (o no hacer) en el otro lado. Esta idea imita al recordatorio digital. Podrías analizar tu progreso marcando el hábito que se te recuerda constantemente.

- **Amigos**

Podrías considerar contarle a tu amigo acerca de este cambio. Siempre hay un amigo que nos impulsa hasta que una tarea se hace con éxito. Incluso puede que se le ocurran mejores sugerencias o planes. Esta acción te dará un sentido de responsabilidad. Asegúrate de informar a tu amigo para que te entregue un informe de progreso, o podrías pensar en una guía tú mismo. No querría que te ridiculizaran con un fracaso. ¡Otra vez no!

- **Pegatinas**

Escribe palabras o frases cortas en las etiquetas y ponlas a tu alrededor. Una pequeña nota adhesiva esparcida a su alrededor le servirá como un recordatorio perfecto de lo que necesitas hacer. Asegúrate de colocarlo en el lugar donde se desencadena el mal hábito. Puede estar en su oficina, en tu calendario, en tu bloc de notas, en la pared e incluso en tu automóvil.

5. Cambia tu entorno

Visitar un lugar en particular puede ser el desencadenante de uno de tus malos hábitos. Tiendes a beber más botellas de cerveza cada vez que sales con amigos en el bar del centro de la ciudad. Considere ir a otro bar, diferente al que frecuenta, esta vez solo. Crea una nueva atmósfera para ti. A veces, la sensación de un lugar que visitas continuamente te empuja a reaccionar negativamente.

- **Recompensar cada hábito roto**

Un "hábito derrotado" aquí significa que tú has sido capaz de detener esa mala práctica con éxito. Ya no se te ve haciéndolo. Motiva tu progreso hacia la positividad recompensándote. Todo el mundo necesita aliento. Y este sistema de recompensa puede ser la única cosa que te mantendrá en marcha hasta que alcances el máximo éxito.

- **Sustituir**

Una manera significativa de recompensarse es buscar un hábito positivo que sustituya al mal hábito. Un hábito es parte de tu vida. Al igual que en el fútbol, el jugador menos eficaz es reemplazado; pero en casos urgentes, es inevitable una necesidad extrema de cambiar el jugador en forma cuando la estrategia no parece funcionar. Es lo mismo aquí. Cambiar el hábito menos productivo para tener una vida más productiva.

También estarás de acuerdo en que esos malos hábitos vienen con la finalización de los mismo. La mayoría de las veces está ahí para satisfacer una necesidad que puede venir como resultado de la depresión, la tristeza, el rechazo, el fracaso, el aburrimiento, etc. Si esas necesidades no se satisfacen con otra cosa, entonces existe un área gris.

- **Elaborar un plan y una estrategia**

Debes saber qué hacer cuando los desencadenantes aparecen inmediatamente. Trabaja con la estrategia del sistema de recompensas cada vez que reemplaces tu mal hábito con un patrón positivo. No le des espacio a la soledad. La soledad en este sentido significa insatisfacción en sus expectativas. No esperes estar en ese inconveniente otra vez. Esta práctica le resultará más cómoda cuando evite los factores desencadenantes.

- **Mirar hacia el futuro**

El futuro que estás buscando es la realidad de otra persona, y algunas personas están haciendo lo que tú quieres lograr ahora. ¿Por qué no acercarse a ellos y hacer nuevos amigos? Si restringirte de tus viejos amigos te dará suficiente tiempo para romper con tus malos hábitos. Tienes que intentarlo.

6. **Busque apoyo profesional**

Si aún te sigue resultando difícil adoptar una actitud positiva hacia el esfuerzo de ayudarte a ti mismo, considera la posibilidad de ver a un profesional. El psicólogo puede ayudar a identificar patrones psicológicos, emocionales y de comportamiento que desencadenan malos hábitos. El psicólogo se asegurará de tu progreso y puede ser valorado.

Alto a la procrastinación

6 MANERAS DE CREAR GRANDES HÁBITOS PERMANENTES

Tal vez te hayas preguntado por qué tus planes no están funcionando como esperabas. Puede que haya funcionado durante algún tiempo, pero parece soso y no parece funcionar. Puede que te hayas dicho a ti mismo que dejes de estar 8 horas al día en Internet sin aprender algo nuevo, pero parece que no funciona. No te preocupes. Date cuenta de que este un juego diferente para ti. No es el juego de azar, sino el de un compromiso total. Asegúrate de haber sido capaz de descubrir qué es lo que desencadena tus malos hábitos y los patrones extraños que hay detrás de ellos. Puede que necesites analizar tu búsqueda y el sacrificio que hay detrás de ella. "¿Qué quiero cambiar y cuánto quiero que cambie mi vida?" Ten un análisis de lo que hará más y de lo que se hará menos. Dile a tu interior la verdad que necesita ser dicha. Esto es lo que esperas del futuro de la positividad. Esta es una manera segura de empezar.

1. Concéntrese en un hábito a la vez

Dado que tus hábitos no comenzaron todos a la vez, necesitas saber que cambiarlos tampoco será todo a la vez, tanto como quisieras que sea. Trata de abordar un hábito a la vez. Si tu enfoque es detener la actitud negativa hacia la ejecución de proyectos, enfréntela. No combines muchas cosas. Es incluso una actitud poco saludable tratar de hacer muchas cosas juntas.

Comienza con el hábito con el que se sienta más incómodo. No tengas prisa. El progreso es lo que buscas. Una vez que sepas el curso que estás siguiendo, llegar allí no será un problema.

2. Haga preguntas

No actúes como si fueras un profesional aquí. Hay tantas cosas que pasarán por tu mente. ¡Pregunta! Podría estar preguntándose cómo sobreviviría la noche sin exceso de alcohol. Pregunte: "¿Y si sobreviviera las primeras cuatro horas?" Hacer preguntas no debe limitarse a ti. La asistencia de un terapeuta o psicólogo puede ser de ayuda. También puede serte útil cuando te hagas preguntas a alguien que se ha adherido al nuevo hábito que está a punto de aprender.

Tu curiosidad también podría querer saber cuándo podrá adaptarse al nuevo hábito. ¡Pregunta! De esta manera, puedes decidirte ya que sabes el "cuándo", el "cómo" y el "por qué".

3. Comience con una fecha límite

Hemos establecido que no hay necesidad de apresurarse en apegarse a hábitos positivos. Pero puedes empezar de a poco y a tu propio ritmo. Date una fecha límite para probar el primer hábito. Digamos que durante veinte días. Así que, durante los próximos veinte días, no harás ese hábito específico con el que has decidido empezar. Y por supuesto, lo reemplazarías por el positivo. Puedes controlar tu progreso con los dedos. Tus uñas pueden representar los primeros diez días. Obtén una pegatina de uñas con diseño y ponla en tus uñas diariamente después de haber logrado mantener el hábito positivo. Después de haber utilizado la pegatina durante los primeros diez días, empiece a quitarla diariamente hasta el final de los diez días siguientes. Este plan de acción te dará una sensación de control. Habrá podido personalizar este ejercicio y al mismo tiempo darle una fecha límite.

4. Celebre tu progreso

Has comenzado con un modelo de "gran cheque" "menos trabajo". El cheque grande representa el hábito al que aspiras, mientras que menos trabajo es su esfuerzo por mejorar las cosas. Ten en cuenta que tu meta es grande pero alcanzable. Alcanzar tu objetivo progresivamente muestra que te has movido del reino de la fantasía a la realidad. Entonces, ¿Por qué no celebrar cada propósito que consigues? Aumente tu motivación celebrando cada progreso. Esto te dice que puedes hacer más y mejor.

5. Quédate con la melodía

El ritmo del nuevo hábito ha estado en el aire durante algún tiempo. Asegúrate de seguir bailando la canción. Ninguna otra canción debería persuadirte. Tienes que ser consistente. Puede que no quieras cambiar tu rutina. Trata de construir tu hábito de acuerdo con tu método. Todo lo que necesitas hacer es poner en marcha la nueva iniciativa. Podrías estar pensando en despejar tu guardarropa. Podría hacer esto de manera efectiva en el momento en que desees vestirte. Sólo tienes que elegir tu vestido preferido y usar la otra mano para arreglar los otros trajes. Recuerde, empiece de a poco para que no te sientas abrumado.

6. No des demasiadas opciones.

Es necesario ser específico en las estrategias para mantener tu nuevo hábito. Una vez que decidas cómo quieres hacerlo, sigue el plan. En el momento en que empiezas a comparar muchas opciones, la duda puede aparecer. Podrías incluso confundirte y desanimarte. Has decidido reducir tu consumo de alcohol tomando un limón entero después de un vaso de cerveza. ¡Bien! Apégate a ello. Hay muchas otras decisiones importantes que tomar para comenzar a entrar en conflicto con las que ya has tomado.

CAPÍTULO SIETE: DOMANDO LA MENTE

La mente humana es naturalmente salvaje y siempre necesita una aventura. Debido a esto, es necesario que aprendas a domar la mente y hacer que funcione a tu favor. Esto le ayudará a trabajar a tu favor y te proporcionará mucha positividad. Uno de los maestros y psicólogos más sabios de todos los tiempos, Buda, describió la mente humana como un mono que siempre está saltando por ahí chillando y parloteando sin parar. Todos tenemos mentes que nunca quieren descansar, siempre necesitan algo más. Así como un mono siempre necesita atención, la mente humana siempre quiere que pongas todo tu enfoque en él. La mente alcanza sus objetivos de diferentes maneras, de forma sobresaliente, por consideraciones negativas, por ansiedad y por miedo.

Debido a la presencia de esta mente de mono, ahora se nos ha hecho más difícil vivir en el presente. La mayor parte de nuestro tiempo como humanos lo pasamos arrepintiéndonos del pasado o viviendo con miedo al futuro. Pronto descubres que te has vuelto infeliz, triste, naturalmente enojado e inquieto. Es hora de calmarse y domar al mono en la mente. Después de todo, es tu mente, y deberías hacer uso de ella como si realmente la poseyeras. Algunos beneficios simples de domar tu mente incluyen:

- Claridad de mente
- Plena felicidad
- Dormir mejor
- Enfoque y concentración
- etc.

Todos estos son beneficios muy excelentes, y no debes dudar en abrazarlos en tu vida. Pero hay algunos pequeños pasos que te mostraré para ayudarte a realizar plenamente este sueño.

12 CONSEJOS INDISPENSABLES PARA DEJAR DE PENSAR DEMASIADO Y CONTROLAR TU MENTE

Puede sonar extraño para ti, pero la verdad es que probablemente seas adicto al pensamiento. Puede que nunca hayas empezado a considerarlo, pero la mayoría de nosotros pasamos mucho tiempo pensando y trabajando demasiado nuestras mentes. Pensamos en qué comer para cenar, qué temporada ver en Netflix, por qué el clima mundial está cambiando tan severamente. Pensamos en prácticamente todo. Si bien el pensamiento es una aventura excelente y necesaria, a veces puede atascar la mente cuando se vuelve demasiado. La mayoría de las veces, nunca sabemos que ya es demasiado, y ahí es donde reside el problema. Pensar tanto en tu mente puede convertirse en un ligero trastorno y llevarte a una ansiedad abrumadora. Tu mente permanece estresada, y la paz comienza a eludirte. Practica esto y elabora tu testimonio:

1. **Estudia tu mente y encuentra las cosas que te causan estrés y ansiedad**

Hay diferentes razones para que diferentes personas piensen demasiado. Para algunos, podría ser inestabilidad financiera; para otros, razones de seguridad; y para otros, podría ser una enfermedad terminal. Necesitarás encontrar tus motivos. Hazte las preguntas necesarias de por qué piensas demasiado, y las veces en las que sea probable que pienses demasiado. Toma nota de las cosas importantes en las que piensas y del patrón en el que se forman todos esos pensamientos. Si esto se hace con diligencia, sut notas te ayudarán a entender algunas de las principales razones por las que actualmente estás pensando demasiado.

2. **Considera las cosas que te hacen pensar demasiado**

La pregunta aquí es, ¿Qué tan importantes son esas cosas que te hacen pensar demasiado? ¿De qué te servirán en tu vida si sigues preocupándote por ellos? ¿Importará dentro de cuatro años o incluso cuatro meses? Si la respuesta es no, deberías olvidarte de ello. Tu mente está simplemente jugando tristes trucos contigo, y tú tienes que ser el jefe aquí. Si no son importantes, entonces debes dejar de pensar en ello y enfocar tu tiempo en cosas más importantes.

3. **Tomar decisiones rápidas**

Aprende a tomar una decisión rápida y termina el proceso. Si eres el tipo de persona que puede tomar horas tratando de averiguar qué comer en el almuerzo, entonces esto es para ti. Debe haber un marco de tiempo para la toma de decisiones en tu vida. Si te vas de vacaciones, investigue y establezca el destino en una semana. No permitas que se prolongue y se convierta en un problema para ti.

4. **Empieza el día con una nota apropiada**

Ya lo he mencionado antes: las malas mañanas probablemente conducirán a un mal día. Toma el control de tu día desde la mañana y comienza a eliminar cualquier pensamiento estresante que haga que quieras levantar la cabeza. Puedes hacer esto leyendo algo que elevará tu espíritu cada mañana, o puedes practicar la meditación para calmar tu mente.

5. **Comprender que pensar demasiado es malo para la salud mental**

Pensar demasiado te quita todo el tiempo y la energía que deberías haber usado para algo más importante. Te deja exhausto e incapaz de lograr resultados tangibles. Al hacer algunas de estas cosas con tu salud mental, te vuelve susceptible a la ansiedad y la depresión, que son algunos de los principales desencadenantes de los suicidios y pensamientos suicidas.

6. **No te emociones demasiado.**

Por supuesto, la gente también piensa demasiado en los pensamientos positivos. Por ejemplo, Tú acabas de realizar una breve encuesta sobre la proyección de los beneficios de tu empresa y has visto que podría enriquecerte con miles de dólares antes de que finalice el año. Comienzas a imaginarte todas las cosas que podrías hacer con el dinero, la buena vida que finalmente puedes tener y las cosas de las que finalmente puedes deshacerte. Estos pensamientos te consumirán con una excitación sin fundamento hasta el punto de que podrías olvidarte de las ideas y continuar pensar en ellas una y otra vez, disfrutando de la belleza que imaginas para ti mismo.

7. **Documenta tus pensamientos**

Saca esos pensamientos de tu cabeza y ponlos en un papel. A veces ayuda. Puedes poner un bloc de notas cerca de tu cama y anotar los pensamientos que te viene cada vez que estás a punto de dormir. Una vez que ha sido sacrificado, el cerebro se verá obligado a soltarlo y a liberarte.

8. **Adoptar un estilo de vida más despreocupado**

A veces es mejor no preocuparse. Claro, hay muchas cosas que deberían molestarte, pero pregúntate cuántas veces el pensar en una situación ha ayudado a esa situación. Las posibilidades son de una en un millón. Así que a veces es mejor que te olvides de todo y vivas como un rey. Distráete de tus pensamientos y trata de practicar la felicidad más a menudo.

9. **Ocúpate**

La mente rara vez tiene tiempo para pensar cuando estás ocupado. Aunque todavía puede suceder, eso sólo vendrá como una forma de distracción que te he enseñado a superar. Una de las principales causas de pensar demasiado es una mente improductiva. Las personas que se mantienen ocupadas casi nunca tienen tiempo suficiente para permitir que su mente se desvíe hacia pensamientos infundados.

10. Darse cuenta de que no se puede controlar todo

Hay cosas que puedes controlar, y hay otras que simplemente están fuera de tu control. Tienes un viaje mañana, y el tiempo pronostica que será un día lluvioso. No hay necesidad de estresarse por ello. Cancele el viaje si es necesario y tenga tranquilidad.

11. Libera tu entorno de pensadores excesivos

Su entorno puede jugar un papel importante en el desencadenamiento del pensamiento excesivo. No se limita a las personas cercanas a ti. Se extiende a las cosas que lees, los podcasts que escuchas, las tendencias que sigues, etc. Retira todo esto de su entorno inmediato.

12. Vivir en el presente (no en el pasado ni en el futuro)

Las únicas cosas que deberían molestarte son las que están sucediendo actualmente en tu vida. Si estás en la universidad, concéntrate en tus estudios y saca buenas notas. Prepárate para el futuro y deje de preocuparte por ello. Si fuiste abusado cuando eras niño, encuentre una manera de perdonar y seguir adelante con tu vida. Puede ser difícil, pero recuerda, es todo para ti.

7 TÉCNICAS PARA VENCER EL MIEDO AL FRACASO

Es natural temer el fracaso. El fracaso nunca es algo con lo que uno quisiera estar asociado, y por eso los humanos tiemblan al verlo. Una vez que salimos de nuestra zona de comodidad, comenzamos a sentir que las cosas probablemente pueden salir mal. Y la verdad es que la picadura del fracaso es dolorosa y puede dejarte con una marca por el resto de tu vida, excepto si eres una persona que se cura rápidamente y sigue adelante. Entienda que tus fracasos son siempre un trampolín para tu éxito. Puede que se te esté acabando el tiempo, pero esa es razón suficiente por la que deberías acabar con el miedo al fracaso y, en su lugar, calmarte. Sin oscuridad, nunca entenderás la luz. Sin frío, nunca apreciarás el calor. Sin fracaso, nunca entenderás la verdadera esencia del éxito. Por lo tanto, no hay necesidad de temer el fracaso per se. Pero vencer el miedo al fracaso no es tan fácil. Necesita entender y poner algunas cosas en su lugar para ganar completamente la ventaja. Algunos de estos incluyen:

1. **Comprende que fallar no significa que eres un fracaso**

Mucha gente ha fracasado muchas veces, pero hoy no los vemos como fracasados. Los ejemplos son numerosos.

- Nadie sabe cuántas veces lo intentó Edison hasta que finalmente pudo inventar la bombilla incandescente. Pero se cree que fue más de cien veces.
- Un editor le dijo una vez a Walt Disney que sus animaciones carecían de imaginación. Hoy en día, la compañía Walt Disney tiene más de cincuenta películas de animación de gran éxito en su haber.
- La serie de Harry Potter de J.K. Rowling fue rechazada más de diez veces por diferentes editores hasta que la suerte la encontró. Hoy en día es la autora más rica del mundo.

Hay más ejemplos, pero la conclusión es que el fracaso nunca es un punto final, excepto si tú has decidido que se convierta en tu punto final.

2. **Aprende de tus fracasos**

No importa cuán negativa sea la experiencia, siempre hay algo positivo que aprender de ella. Sólo un tonto comete el mismo error dos veces. Evalúa todos nuestros fracasos y selecciona los beneficios. Están allí, sólo tienes que mirar más profundamente para verlos. Una manera de ayudarte es empezar a escribir todas las empresas en las que has fallado y escribir las cosas que has aprendido al fallar en ellas.

3. **Ver cualquier visión de fracaso como un reto para intensificar tu juego**

Si crees que puedes fracasar, acepta el desafío y prepárate para no fracasar. Ese es el único camino hacia el éxito. De hecho, sólo un puñado de personas están totalmente seguras del éxito cuando comenzaron una empresa. La mayoría de las veces, eran bastante pesimistas, pero se esforzaban al máximo y esperaban tener éxito. El éxito difícilmente elude a la gente así, excepto si se cometió un error en alguna parte.

4. **Mantente optimista y visualiza el éxito**

Aleja la idea de fracaso de tu mente y mantente positivo. La idea de fracasar seguramente vendrá, ¿pero qué pasa si tienes éxito? Hay dos caras en la moneda, y ninguna de ellas debe ser descuidada al lanzarla. Si una de cada cien empresas nuevas en nuestra comunidad sobrevive más de cinco años, entonces podría ser su empresa nueva. Si sólo una persona tiene éxito, entonces podrías ser tú.

5. **Entiende que el miedo al fracaso no te convierte en un éxito.**

No importa lo mucho que pienses acerca de no lograr nada debido al fracaso, el éxito nunca te compadecerá y vendrá a tu rescate. ¿Crees que el miedo al fracaso es una pesada carga? Pruebe la carga del arrepentimiento y verás hasta dónde lo llevarás. No hay nada más doloroso que ver a alguien lograr las cosas que siempre quisiste lograr, sólo porque permitiste que el miedo al fracaso te frenara. Olvídate del fracaso y toma acción para lograrlo.

6. **Se amable contigo**

Si alguna vez has experimentado el fracaso, es hora de superarlo. Aprende de tus fracasos y supéralos. Tu mente podría querer seguir recordándote lo malo que eres, diciéndote que nunca serás bueno en nada. En su lugar, sea amable con contigo. Si cometiste un error en el pasado, prométete que no volverás a caer en lo mismo. Entonces sigue adelante. Nadie nunca está por encima de los errores.

7. **Evitar el perfeccionismo**

Nada en el mundo es perfecto. Cada cosa bella en el mundo está atada con uno u otro defecto. Reconoce que nada de lo que hagas será perfecto, así que sigue adelante y empieza algo. Completa la tarea con los errores y luego tómate el tiempo para corregirlos. Completar el proyecto en sí mismo es un gran paso, y esto te dará el impulso de continuar.

6 SECRETOS PARA CREAR UNA MENTALIDAD DE ÉXITO

Nunca puede haber éxito sin una mentalidad de éxito. Esos dos van juntos como el humo y el fuego. Nunca puede haber uno sin el otro. Piensa en la mayoría de las personas exitosas que conoces. La posibilidad de que hayan tenido éxito por error es muy pequeña. Muchas veces, las personas que tienen una mentalidad de fracaso siempre terminan en fracaso, porque casi nunca identifican las oportunidades cuando las encuentran. Una mentalidad de fracaso siempre resultará en tu contra. No importa cuánto lo intentes, no importa todo el trabajo duro que pongas en marcha, una mentalidad de fracaso siempre producirá fracaso. Un factor importante que diferencia a los grandes triunfadores de los fracasados es la manera en que piensan, el contenido de sus mentes. Por lo tanto, para crear el éxito que necesitas, debes preparar tu mente para ello. Una mentalidad de fracaso siempre se sorprenderá cuando el éxito sea finalmente alcanzado, pero una mentalidad de éxito verá que el éxito viene de una milla de distancia.

Estos secretos te ayudarán a desarrollar la mentalidad perfecta que se acomodará al éxito:

1. **Alcanzar un pequeño objetivo a la vez**

Cuando miras a tu único gran sueño, el tamaño de este puede asustarte para que pienses que puedes fracasar a largo plazo. Recuerda que la gran imagen del éxito no aparece al chasquido de un dedo. Roma no se construyó en un día. Fue construido de piedra en piedra. ¿Cuáles son las piedras que construirán tu futuro? Empieza a ponerlas, una piedra a la vez. Si quieres ganar el Premio Nobel de Física, entonces, primero debes tener un título universitario en Física. Quieres convertirte en un ganador del Premio Pulitzer de Ficción; entonces, debes empezar a escribir tu novela ahora. Estos pequeños objetivos se convertirán en una gran montaña de éxito.

2. **Hazte cargo de tu mente**

Hemos tocado poco sobre esto en el capítulo 7 (domar la mente). Es más fácil para la mente visualizar el fracaso que el éxito. Cierra los ojos e imagina un terreno llano, un desierto sin ninguna forma de vida. ¿Ves lo fácil que es hacerlo? Ahora cierra los ojos e imagina ese desierto con rascacielos, con gente de todas las razas comprometida en el comercio. Imagina que este desierto contiene el edificio más alto del mundo. Ves lo difícil que es para tu mente crear una imagen de riqueza y abundancia. Si tuviste éxito, debe haberte tomado un gran esfuerzo para hacerlo. Este es el tipo de esfuerzo que se requiere para ver tu vida como un éxito.

3. **Sé flexible y listo para modificar tus planes**

No existe un plan determinado para el éxito. Las cosas pueden salir mal y mostrarte las fallas en tus planes. En este punto, lo mejor que puedes hacer es mantener tu mente lista para un cambio. Es posible que no logres todas las metas que asignaste a un plan, y eso está bien. Todo lo que tienes que hacer es asegurarte que tu mente esté siempre lista para un cambio de plan.

4. **Eres tu mayor competencia**

Siempre esfuérzate por adelantarte a ti mismo. Conoce tu destino y averigua qué tan rápido debes moveré, luego, muévete a ese ritmo. Compararte con los logros de otros puede dejarte con consecuencias perjudiciales. Puedes admirar a las personas que se han adelantado a ti y admirar su estilo de vida. Aprende de ellos y sigue tratando de desarrollarte.

5. **Encuentre un mentor (alguien que lo mantenga motivado)**

Un mentor es alguien que actúa como un padre para ti o un maestro en cualquier campo o actividad que puedas encontrar. Ponte en posiciones en las que pueda conocer a los mejores de los mejores en su campo. Luego construye relaciones fuertes con ellos que se convertirán en un mentor. Un mentor será alguien a quien puedes reportar fácilmente si cometer un error. Un mentor te regañará y te aconsejará cuando sea necesario. Y saber que tienes a alguien a quien siempre puedes admirar te proporcionará la dosis necesaria de mentalidad de éxito para mantenerte en marcha.

6. **Habla contigo mismo**

El mejor consejo que puedes recibir es el que te das a ti mismo. Siéntate y habla contigo. Haz todas las preguntas necesarias y trata de averiguar por qué las cosas están saliendo como se supone que deben salir. La clave aquí es que tienes que ser sincero contigo mismo. Tómate tu tiempo y anímate. Date recompensas. Apreciarte a ti mismo. Menciónate que tienes que trabajar más duro y lograr mejores resultados. Éstos te impulsarán continuamente a lograr más en cualquier momento dado.

CAPÍTULO 8: PLANIFICANDO PARA TU ÉXITO

El público en general no tiene la misma definición de éxito, pero desde un punto de vista amplio, hacer las cosas bien en el curso de la acción puede calificarse como éxito. Algunos son de la escuela de pensamiento de que el éxito tiene el resultado correcto de una decisión; un resultado soberbio después de que se cumple una intención. Sin importar cómo definas una vida exitosa, asegúrate de que algunos elementos deben ser vistos en ella. Algunos de elementos son la dedicación, el establecimiento de metas, la motivación y la resolución de problemas. Ninguno de estos rasgos se encontrará en el camino hacia la realización si no entiendes la intención detrás del éxito.

Entender tu intención te da un sentido de dirección. Ahora tienes una herramienta de decisión con la que trabajar. Podrías predecir de dónde vienes a tu destino. Te preguntarás: "¿Qué me empuja a fijar esos objetivos inalcanzables? ¿Por qué preveo volverme musculoso? "Tal vez me topé con él", puede que respondas. Hazte muchas de estas preguntas. Comprende lo que te impulsa. Desde aquí, la energía para seguir avanzando hacia el duro camino del logro se alimenta continuamente. Es posible que no necesites que otra persona te aliente a cumplirlo. Tú tu impulso interior serán suficiente motivación para ponerse en marcha.

Bueno, el éxito es intencional, y podrías prepararte para ello. Eso es lo que este capítulo promete mostrar.

6 TÉCNICAS PARA TENER ÉXITO EN ESTABLECER TUS METAS

1. Mira los pájaros ante el cielo

No me malinterpretes. Vivimos en un mundo sin limitaciones, y todo es posible. Pero necesitas ver las cosas que están más cerca de ti primero antes de que puedas alcanzar las cosas más lejanas. Busca una meta que puedas alcanzar fácilmente. Ninguna regla dice que debes empezar de una manera difícil. Y no tienes que complicarte cuando planifiques tus metas. Consigue los pequeños objetivos que puedas ahora, y la motivación te mantendrá inspirado para los más grandes.

2. Amplía tu horizonte

Haz que tu imaginación funcione. Mírate más allá del nivel actual en el que te encuentras ahora. Hasta que tu ser interior esté motivado para alcanzar la grandeza, será difícil, si no imposible, el llegar lejos. Acceda a tanta información como sea posible para alcanzar tus objetivos. Una mejor manera de trazar un plan es cuando se añade vitalidad al objetivo específico.

3. Admite tus contratiempos

La búsqueda de la perfección viene con mucha experiencia. No tendrías experiencia de una sola vez en un día. Lo que tú llamas fracaso constante es lo que te pone en la cima. Para que tú puedas avanzar en el cumplimiento de tus metas, acepta en todo momento tus fracasos. Reconocer las fallas te permite revisar tus acciones así como encontrar soluciones para las mismas.

4. Míralo de diferente forma

No hay motivo para andar con rodeos cuando la solución parece estar lejos. No seas demasiado complaciente con el logro de tus metas. Si estás atascado en un extremo, piensa en otras maneras de hacerlo. ¡Sé flexible! A veces, tu fecha límite puede haber excedido más allá de toda duda razonable. Ponte en marcha. Recuerde que lo que quieres lograr es posible. Si tu meta es estudiar cinco capítulos de un libro en cinco días, y al final del sexto día, todavía estás en el capítulo cuatro. No te desanimes y no te sienta mal por no cumplir con tu objetivo. Retoma el capítulo para el día siguiente. Asegúrate de revisar la causa del retraso y sigue adelante.

5. Estar orientado a los resultados

Lo que debería impulsarte es el éxito detrás de la meta. Probablemente enfrentarás distracciones. Pueden provenir de tu lugar de trabajo, de tu entorno o de tus amigos. Sea lo que sea, no debe detenerte de lo que te has propuesto lograr. Piensa y posiciona tu cerebro para la positividad. Vea cada desafío como una forma de mejorar. Visualiza tus resultados incluso antes de alcanzarlos. Crea una memoria de sonido para ti. Toma fotos de lo que usted etiqueta como un éxito. Cuélgalo a tu alrededor, y deja que te anime de vez en cuando. No sólo aumentará tu estado de alerta, sino que también hará que el viaje hacia el logro sea divertido.

6. No te distraigas.

Cuando se trata de prioridades, las metas no son semillas de diferentes frutos en una canasta. Deben ser vistos como los frutos de una semilla. Da preferencia a lo que se quiere lograr, y permite que esto dé lugar a otros objetivos. Este enfoque asegura que estés en el camino correcto para asegurar la productividad. Una gran distracción que no verás venir es cuando estés tratando de hacer muchas cosas a la vez.

5 CONSEJOS POCO CONOCIDOS DE EXPERTOS PARA ESTABLCER METAS

Buscar un vaso de agua parece a veces más relajado que fijarse una meta. Pero puede parecer tan difícil después de escribir sus objetivos, y no alcanzarlos. Puede ser una meta a largo plazo o a corto plazo. Los tuyos pueden ir desde una carrera hasta metas en la vida. De todos modos, la frustración puede aparecer cuando ninguna de ellas parece alcanzable. Los siguientes consejos le guiarán para tener éxito en el establecimiento de metas.

1. **Entiéndase a sí mismo**

Sócrates enfatizó el tema del "autoconocimiento". Él creía que nadie podía ser ayudado sin autoidentificarse. Sin embargo, las grandes mejoras en ciencia y tecnología han dado muchas respuestas a estas preocupantes preguntas. Sin embargo, la sabiduría detrás de conocer el tipo de ser humano que eres es esencial. Es un factor que hay que tener en cuenta para tener éxito en la consecución de los objetivos. Realice un análisis rápido de sus componentes.

• Empieza por hacer preguntas

¿De qué estás hecho? ¿Por qué pienso diferente de los demás? ¿Qué me causa ansiedad por los pequeños temas? ¿Por qué me pongo nervioso cada vez que veo extraños? No se pueden hacer preguntas como ésta hasta que se haya tomado el tiempo para pensar en algunas cosas que hace con frecuencia. El objetivo no es que te sientas inadecuado o deprimido. Es sólo para que te mejores.

• Analizar sus hallazgos

Revise sus capacidades sociales, espirituales, de salud, físicas, psicológicas e intelectuales. Un juego de comparación no funcionará aquí. ¡Este cheque es para ti! ¿Qué soy capaz de hacer? ¿Y a qué ritmo soy capaz de hacerlo? ¿Qué me hace aprender rápido con poca energía? "Creo que duermo más rápido cada vez que tomo cereales." "¡Oh! Me duermo casi inmediatamente cada vez que me froto loción en los pies." El análisis te dará suficientes razones para hacer lo que haces.

- Hacer más hallazgos

No se detenga en tu descubrimiento. Haz más investigación en línea. Averigüe si los rasgos que vio en ti mismo también se encuentran en otras personas. ¿Cómo pudieron superarlo? ¿Fueron ellos mismos, o fueron ayudados por un amigo o profesional? ¿Se trata de un comportamiento infantil o de un comportamiento que acompaña al crecimiento hasta la edad adulta? Obtener respuestas a esas preguntas, y muchas más que le gustaría agregar, le da un sentido de identificación.

- Combinar factores

Podrías hacer una conclusión temporal basada en tus hallazgos. Por ahora, tú estás seguro de que lo que siente y cómo se siente es razonable. Tal vez lo que descubriste te ha mostrado que necesitas ayuda. ¡Bien! Estás progresando. No combine ninguna información si no ha realizado una investigación exhaustiva. Ponga cada una de estas entradas juntas y sírvete tú mismo.

2. Tener una definición clara de su objetivo

Lo que a veces vemos como un camino, a veces puede ser un bloqueo. Podemos tender a ver posibilidades de alcanzar un objetivo, pero al final, el resultado parece decepcionante. Esta es la razón. Los seres humanos no han podido decidir adecuadamente sin ningún tipo de prejuicio lo que quieren de la vida. No es tan fácil como pensamos, pero esto es lo que hace que el logro de la meta sea frustrante.

- Identificar la diferencia

Sólo porque sea alcanzable no significa que tenga la misma estrategia que otros objetivos. Comprender la diferencia entre lo que se debe lograr en poco tiempo y lo que se debe cumplir durante toda la vida. Defina cuál es su meta en sus términos. Lo que alguien considera una meta a corto plazo puede ser una meta a largo plazo para ti. Un objetivo a largo plazo no se puede alcanzar si no se desglosa en partes más pequeñas. No hay ningún tecnicismo en absoluto. Una meta a corto plazo es lo que tú deseas alcanzar en un período corto, mientras que una meta a largo plazo tomará un período más largo para alcanzarla (puede ser por meses o años). Su amigo, que sueña con ser un contador público, puede planear ir a la escuela de negocios para ese propósito. Si no sabes que ir a la escuela de negocios es una estrategia para perseguir un objetivo profesional (que es convertirse en un contador público), puedes seguir el ejemplo y frustrarte al final.

- Elaborar estrategias y desglosar la diferencia

Para cada futuro, siempre hay un día para empezarlo. Ese día es el día en el que estás ahora mismo. Y en un día completo comprende horas, minutos y segundos. Haz una justificación de lo que se va a hacer actualmente (en este mismo momento) que ayudará a las próximas 1.220 horas que haya establecido la fecha límite.

Lo que deberían haber logrado en los próximos días no debería confundirse con los próximos años". Tú no tienes que preocuparte durante la próxima década cuando pueda cumplir con éxito el proyecto para el día siguiente.

Tu plan de acción podría consistir en extraer una foto de un bebé y pegarla en la parte posterior de la puerta junto con una imagen de adulto. Ver esas fotos debería recordarte esta guía.

-     Tener una dirección clara

Este es el punto en el que la toma de decisiones es esencial. Obtén la confianza para saber lo que quieres. No olvides que tu composición no es sólo psicológica. Tienes que ser lo suficientemente específico en cada área de tu vida.

-     Decida y defina lo que desea

¿Qué es lo que quiero en la vida? ¿Qué quiero de la vida? Hazte esas preguntas. ¿Dinero o comodidad? Algunos podrían decir ambas cosas. Pero la verdad es que lo que queremos es un consuelo. Y sentimos que conseguir el tipo de placer que queremos necesita dinero para lograrlo. ¡Eso es cierto! La idea es esta: No queremos que nuestros cuerpos se estresen. Queremos que nuestras vacaciones sean en los lugares más lindos del mundo. El apartamento con vistas al mar siempre ha sido la residencia de nuestros sueños. Esa clase de comodidades que las riquezas pueden obtener podrían no ser del agrado de algunas personas.

Dar a los orfanatos da alivio a algunas personas. Las donaciones a las ONG pueden dar confianza a algunos. Por lo tanto, define lo que quieres y no te confundas debido a las necesidades de otra persona. Tu descubrimiento no debe ser apilado sólo en tu cabeza. Ayúdate a ti mismo escribiéndolo. Tu diario o agenda puede ser un gran amigo con el que se puede resumir.

-     Identificar el proceso involucrado

Alcanzar una meta no es automático. No viene como lo proyectamos muchas veces. Hay pasos a seguir para tener éxito en ello. Asegúrate de maximizar cada proceso antes de pasar al siguiente. Podrías haberte fijado el objetivo de leer tres capítulos de un libro al día. Hasta que no haya dominado la consistencia en la lectura de esos tres capítulos, no deberías pensar en aumentar tus metas de lectura a cinco capítulos.

- Llenar el hueco

Motívate para seguir adelante. Siempre que parezca que has perdido tu rutina para alcanzar tus metas, consigue un sustituto para compensar por ello. Podría implicar hacer una revisión o revisión del progreso de tus metas anteriores. Es posible que decidas obtener más información sobre lo que has estado haciendo recientemente. Asegúrate de que no te estás quedando atrás. Ten en cuenta que no debes tomar esto como una excusa perfecta para eludir responsabilidades.

3. **Dé el primer paso y continúe**

Nada puede ser tan difícil como tener el valor de empezar. Habiendo hecho un análisis apropiado de quién eres y de lo que eres capaz de hacer, ahora eres muy consciente de tus capacidades mentales e intelectuales. Es hora de ponerlos a trabajar.

Empieza con tus habilidades. Todo el mundo tiene algo con lo que es bueno. Y tú no eres una excepción. Dedica tu pasión a tus habilidades descubriendo lo que te ayudará a hacer más. Nuestro objetivo aquí es que canalices esas habilidades para facilitar el establecimiento de tus metas.

4. **Obtener un modelo**

Imagínate cómo piensa un niño cuando escribe con un lápiz. Es fácil al principio, porque su mano fue sostenida mientras escribía. Alcanzar las metas puede ser lo mismo cuando hay una estructura a seguir.

- Modelo externo

La vida es práctica, así como todo lo que existe en ella. Tu gran motivación podría surgir de tener un modelo de vida. Este modelo es alguien que ha sobresalido en su proyecto propuesto. Podrías decidir elegir un líder de tu lugar de trabajo o de tu grupo social. Los atributos de un líder deben ser más inspiradores que los de un jefe.

Descubra uno en el camino de tu persecución. Incluso podría ser en tu reunión religiosa. Una de las cosas hermosas que hay que descubrir en un modelo es el patrón ya preparado que hay que seguir. Es más bien como tener una plantilla con la que trabajar. Con ella, la vida se vuelve más real para ti. Tenderás a encontrar la orientación adecuada sobre lo que haces.

- Sé tu mayor activo

Es bueno que haya alguien alrededor para controlarnos. Pero la mayor motivación que obtendríamos es la energía que proviene de nuestro interior. Nadie puede animarte más que tú mismo. Inspírate a ti mismo a la grandeza. Mírate a ti mismo como un ayudante y como el que necesita ayuda. Es un enfoque contemporáneo para resolver el problema. Eres tanto el consejero como el cliente. Piensa en el tipo de consejo que le darías a un amigo en apuros. Date esto a ti mismo cuando estés en apuros. Puede que no sea fácil al principio. No olvides que este es tu primer intento. Una mejor manera de hacerlo bien es que escribas los consejos cruciales que has dado antes. Debes ser capaz de idear advertencias relevantes que han elevado el espíritu de la gente en un momento dado. Úsalos para ti mismo. También, piense en el mensaje de felicitación que le envió a su familiar en un momento en que él/ella hizo algo espectacular. Menciónatelo a ti también.

5. **Revise su progreso**

Siempre ten en cuenta que tu desarrollo es significativo. Haz una revisión de rutina de tu meta. Haz preguntas relevantes tales como el proceso, los recursos, el sacrificio y el tiempo involucrado. No finjas que no has estado haciendo nada. Vuelva a repasar el primer consejo de esta sección y aplíquelo a tu estrategia de revisión.

7 PASOS IMPORTANTES PARA PLANIFICAR EL ÉXITO

El éxito en la vida no es accidental. Y para romper la barrera de los principios fallidos, necesitas una nueva conciencia. Define tu éxito, entiende el propósito, y ambos podemos trabajar en un plan. Este enfoque ayudará a abrir la capacidad de afectar el cambio en tu vida. Tiene que venir como una opción para el desarrollo personal.

1. Prepárate mentalmente

Hay realidades para una vida exitosa, y una de ellas tiene que empezar dentro de nosotros. Necesitas estar preparado mentalmente. Esto significa que has establecido tu mente en lograr el éxito. Y tener éxito es la única opción que tienes. Prepara tu mente para ejecutar una tarea diferente que requerirá sacrificio. Habrá una reorganización del tiempo pasado, amigos con los que pasar el tiempo y ciertas cosas que hacer en un período en particular. Crea esa mentalidad positiva para superar cualquier desafío cuando aparezca. Es posible que necesites desarrollar muchas habilidades con las que no estás familiarizado. Debes estar preparado para aceptar el fracaso como un peldaño para ser mejor. Dejar de fumar no debe ser una ruta de escape hacia el fracaso.

2. Mantener una meta expresada

Ser específico sobre el tipo de éxito que deseas es una mejor manera de planearlo. Exprésalo escribiéndolo. Podrías decidir hacerlo más profesional. Estructúralo como una declaración. Que sea lo más transparente posible. Combina las palabras correctas que pondrán tu pie en marcha. No escribas ninguna declaración que parezca demasiado general. Deja que revele su intención de lograr resultados.

3. Recursos de empleados

Se espera que la confusión se establezca durante el viaje del éxito. Prepararse para ello es una manera de demostrar que estamos preparados para ello. Busca personas influyentes a tu alrededor. Algunas personas han estado donde tú planeas estar. Descubre uno de ellos y suscríbete a su enseñanza. Entra en línea y regístrate para recibir correos electrónicos que sean relevantes para tus planes. Escucha y sigue los programas de televisión que se ocupan de las finanzas y la inversión. La transmisión de varios videos en YouTube tampoco sería una mala idea.

4. Asegurar un plan

A estas alturas, ya deberías haber sido capaz de reunir suficiente conocimiento para darte una ventaja. Diseña la estrategia que más te convenga. No olvides que no necesitas generalizar tus métodos, y empezar por lo pequeño es algo que no deberías olvidar tan pronto. Darse cuenta de las oportunidades que se presentan en el cumplimiento de cada estrategia y aprovéchalas.

5. Invertir en tiempo

A estas alturas, ya deberías haber sido capaz de identificar tus prioridades. La prioridad es muy importante en la planificación del éxito. No te concentres en una cosa sin crear tiempo extra para que funcione. Durante este tiempo, investiga más sobre tus planes, revísalos y medítalos. Aprende lo que necesitas saber sobre acciones específicas y desarróllate en ellas.

6. Impulsores

Ve y crea suficiente motivación para mantenerlo en marcha. Empieza con tu fuerza de voluntad. Resuelve cada ansia interior. No querrás volver a tener contratiempos, ¿verdad? ¡No! Luego, coloca los impulsores para ti. No olvides que nadie puede darte verdadera felicidad más que tú mismo. Lo mismo sucede con la motivación. Ten razones para encontrar la alegría en tus estrategias para el éxito, y es por eso por lo que es mejor adoptar un plan que más se ajuste a tus necesidades. Puedes extender un poco de tu motivación a tu amigo. Esta acción funcionará bien cuando les informes de su progreso, y en cada desarrollo, te recompensarán (basado en el consentimiento mutuo).

Podrías hacer un esfuerzo extra para crear lo que yo llamé "competencia de progreso". Significa tratar de obtener mejores resultados en cada pequeño éxito. Este esfuerzo siempre traerá la conciencia para volverse mejor porque continuamente ves el próximo logro como una actualización al anterior. Tu enfoque aquí es asegurar la mejora constante en cada línea de acción.

7. **Aprender de las tácticas**

El mundo gira en torno a las ideas, y a través de ellas nacen las innovaciones. Estudia a los líderes mundiales y a las personas exitosas. Hay atributos específicos que los hacen sobresalir en sus respectivos campos. Puedes adoptar algunos de sus principios. Si funciona para ellos, seguramente sería una guía perfecta para ti también.

PLAN PASO A PASO DE 30 DÍAS PARA AYUDARTE A CREAR HÁBITOS Y AUMENTAR TU PRODUCTIVIDAD

Creo que lo has pasado de maravilla repasando el contenido de este libro. Algunas de las cosas que se han enumerado aquí son pequeñas partes de las cosas que puedes hacer para estimular tu creatividad. A estas alturas ya deberías estar poniendo las cosas en su sitio para poder vencer tus distracciones, crear más concentración y mantenerte motivado. Sabemos que las prácticas aleatorias no conducen fácilmente al éxito. Tiene que haber un plan para obtener lo mejor de las instrucciones. Por eso, he decidido regalarte este plan paso a paso de 30 días para mejorar tu creatividad, motivación y productividad. Este plan está cargado de pequeños puntos que cambiarán tu vida día a día durante los próximos treinta días. Todo lo que tienes que hacer es seguirlo estrictamente y no dudar en ningún momento, sin importar lo cansado que te sientas.

Este aspecto del libro se ha dividido en 30 partes, que representan los treinta días en los que se darán los pasos. Podrás preguntarte si es realmente necesario tomarla un día a la vez. Bueno, depende de ti. Si ya ha conquistado un día del plan, puede pasar al siguiente. Incluso después de experimentar el éxito, por favor no abandones las instrucciones contenidas aquí. Revísalos de vez en cuando, probablemente cada 60 días o como creas conveniente. Toma esto como una guía. Tú te conoces mejor a ti mismo y sabe cómo se adaptarán estas pautas. No dudes en modificarlos como mejor te parezca. No olvides mantener cada hábito que estás desarrollando durante estos treinta días. Cambiará tu vida. Te deseo el éxito.

Alto a la procrastinación

Día 1	Día 2
Mañana 　1. Ejercitar el cuerpo durante unos 10 minutos. 　2. Escucha un podcast motivador. 　3. Consume una dieta bien balanceada de la lista de alimentos altamente energéticos (ejemplo: arroz integral y batatas). 　4. Haz que la mente funcione. Tarde 　1. Estudia la tarea en cuestión y trate de identificar los beneficios que se te ofrecen si eres capaz de completar la tarea específica. 　2. Toma una breve siesta energética. 　3. Lee un libro y refresca la mente.	Mañana 　1. Despeja el escritorio de trabajo en el trabajo. 　2. Salta y ejercita el cuerpo durante veinte minutos. 　3. Repite algunas afirmaciones positivas a ti mismo. Tarde 　1. Trata de encontrar maneras y razones para amar mi trabajo aún más. 　2. Divide las tareas principales en partes. 　3. Establece un marco de tiempo para completar cada parte de las tareas desglosadas. 　4. Acaba con todo lo que pueda presentarse como una especie de vía de escape de la tarea en cuestión.

Alto a la procrastinación

Día 3	Día 4
Mañana 1. Despeja el escritorio de trabajo en el trabajo. 2. Salta y ejercita el cuerpo durante veinte minutos. 3. Repite algunas afirmaciones positivas a ti mismo. Tarde 1. Estudia la tarea en cuestión y trata de identificar los beneficios que se te ofrecen si eres capaz de completar la tarea específica. 2. Toma una breve siesta energética. 3. Lee un libro y refresca la mente. Noche 1. Haz una breve evaluación de mis principales objetivos de vida y ve hasta dónde has llegado para alcanzarlos. 2. Evalúa el día y regáñate de cualquier error cometido.	Mañana 1. Escucha un podcast motivador. 2. Despeja el escritorio de trabajo en el trabajo. Tarde 1. Descansa un poco haciendo algo divertido como escuchar música, pasear con el perro o conversar con un compañero de trabajo. 2. Toma una siesta corta si te sientes cansado o un poco estresado. Esto ayudará a reponer tu mente. 3. Trata de reducir la carga de trabajo postergando algunas de ellas a un momento posterior. Nota: Tú no estás postergando las cosas. Tú sólo estás tratando de proveer a tu

	mente con la claridad necesaria para completar una tarea en particular. Noche 1. Vuelve a leer el capítulo seis de este libro y descubre lo bien que has estado lidiando con las instrucciones.
Día 5	Día 6
Mañana 1. Combina de manera creativa cualquiera de los alimentos que estimulan la energía enumerados en el capítulo uno. Tarde 1. Divide las tareas principales en partes. 2. Establece un marco de tiempo para completar cada parte de las tareas desglosadas. 3. Acaba con todo lo que pueda presentarse como una especie de vía de escape de la tarea en cuestión. Noche 1. Evalúa el día y regañarte de cualquier error cometido. 2. Tome decisiones importantes para el día siguiente de esta noche.	Mañana 1. Escucha un podcast motivador. 2. No hay tiempo frente a una pantalla hasta que completes una tarea importante. Tarde 4. Estudia la tarea en cuestión y trata de identificar los beneficios que se te ofrecen si eres capaz de completar la tarea específica. 5. Toma una breve siesta energética. 6. Lee un libro y refresca la mente. Noche 1. Evaluar el día y

	regañarte por cualquier error cometido. 2. Repasa el capítulo cuatro de este libro y recuerda su contenido.
Día 7	Día 8
Mañana 1. Combina de manera creativa cualquiera de los alimentos que estimulan la energía enumerados en el capítulo uno. Tarde 1. Toma una breve siesta de poder. 2. Coma frutas para el cerebro como los arándanos. 3. Dedica una hora a completar una tarea importante. Noche 1. Pasar la noche haciendo una lluvia de ideas con personas en mi campo que pueden ser buenos mentores. 2. Averiguar maneras prácticas en las que pueda conectarme con ellos y hacer que escojan el interés en ayudarme.	Mañana 1. Medita durante 10 minutos seguidos. 2. Limpia y despeja tu casa y tus espacios de trabajo para darte alguna forma de claridad. 3. Realiza la tarea más tediosa esta mañana. Noche 1. Crea una lista de actividades para el día siguiente. 2. Lea un capítulo de cualquier libro. 3. Vea un video inspirador.
Día 9	Día 10
Mañana 1. Escucha un podcast motivador. 2. Combina de manera creativa cualquiera de los alimentos que	Mañana 1. Toma un vaso de agua a primera hora de la

estimulan la energía enumerados en el capítulo uno. Tarde 1. Divide las tareas principales en partes. 2. Establece un marco de tiempo para completar cada parte de las tareas desglosadas. 3. Acaba con todo lo que pueda presentarse como una especie de vía de escape de la tarea en cuestión. Noche 1. Repasar el capítulo uno de este libro y recordar su contenido.	mañana. 2. No hay tiempo de pantalla esta mañana hasta que hayas completado una tarea en particular completamente. Tarde 1. Llama a tu mentor y háblale de tu progreso. 2. Completa una parte de una tarea importante. Noche 1. Lea el capítulo dos de este libro y evalúe qué tan bien has seguido las instrucciones. 2. Responde correos electrónicos y mensajes de respuesta.
Día 11	Día 12
Mañana 1. Medita durante 15 minutos seguidos. Tarde 1. Toma una breve siesta de poder. 2. Come frutas para el cerebro como los arándanos. 3. Dedica una hora a completar una tarea importante. Noche 1. Haz una lista de	Mañana 1. No hay tiempo de pantalla hasta las 9 de la mañana. 2. Comienza una tarea importante. Tarde 1. Toma una breve siesta de poder. 2. Come frutas para el cerebro como

las cosas por las que estás agradecido. 2. Recompensarte con algo placentero.	los arándanos. 3. Dedica una hora a completar una tarea importante. Noche 1. Repase el capítulo siete de este libro y recuerde su contenido. 2. Vete a la cama temprano para la mañana siguiente.
Día 13	Día 14
Mañana 1. Combina de manera creativa cualquiera de los alimentos que estimulan la energía enumerados en el capítulo uno. 2. Llama a tu mentor y averigua cómo les va. Tarde 1. Haza una pausa de 10 minutos y refresca la mente ya sea con un capítulo de un libro o con un corto clip de inspiración. Noche 1. Haz una lista de cosas por hacer para el día siguiente. 2. Haz una lista de cosas por las que estar agradecido. 3. Haz un balance de los progresos realizados durante el día.	Mañana 1. Muestra gratitud por las cosas buenas de tu vida. 2. Haz una breve evaluación de tus principales objetivos de vida y ve hasta dónde has llegado para alcanzarlos. 3. Produce una estrategia claramente definida para el día de mañana. Tarde 1. Mantente consciente y trata de identificar las causas principales de tu pereza. 2. Repasa el capítulo ocho de este libro

	y recuerda su contenido. Noche 1. Haz una lista de cosas por hacer para el día siguiente. 2. Haz una lista de cosas por las que estás agradecido. 3. Haz un balance de los progresos realizados durante el día.
Día 15	Día 16
Mañana 1. Escucha un podcast motivador. 2. A mitad del plan de 30 días: Evaluarte y averiguar qué tan bien te ha ido. Tarde 1. Comienza una tarea importante y un marco de tiempo para que esta tarea sea completada. 2. Toma una breve siesta de poder. Noche 1. Sal y pasa la noche con un amigo o colega.	Mañana 1. Haz que la mente funcione participando en algunos juegos mentales. 2. Despeja el escritorio en el trabajo. 3. Divide todos los proyectos grandes en proyectos más pequeños. Tarde 1. Toma una breve siesta de poder. 2. Come frutas para el cerebro como los arándanos. 3. Dedica una hora para completar una tarea importante.

	Noche 1. Evaluar y averiguar cuánto has cubierto para lograr mis objetivos.
Día 17	Día 18
Mañana 1. Combina de manera creativa cualquiera de los alimentos que estimulan la energía enumerados en el capítulo uno. 2. No hay tiempo de pantalla hasta las 9 de la mañana. Usa el tiempo para terminar una tarea importante. Tarde 1. Repasa el capítulo siete de este libro y recuerda su contenido. 2. Toma una breve siesta de poder. 3. Coma frutas para el cerebro como los arándanos. Noche 1. Sal y diviértete. 2. Apréciate por cualquier éxito registrado.	Mañana 1. Combina de manera creativa cualquiera de los alimentos que estimulan la energía enumerados en el capítulo uno. 2. Completa las tareas más difíciles del día esta mañana. Tarde 1. Trata de encontrar maneras y razones para amar tu trabajo aún más. 2. Divide las tareas principales en partes. 3. Establece un marco de tiempo para completar cada parte de las tareas desglosadas. 4. Acaba con todo lo que pueda presentarse como

	una especie de vía de escape de la tarea en cuestión. Noche 1. Haz una breve evaluación de tus principales objetivos de vida y vea hasta dónde has llegado para alcanzarlos.
Día 19	Día 20
Mañana 1. Repasa el capítulo dos de este libro y recuerda su contenido. 2. Combina de manera creativa cualquiera de los alimentos que estimulan la energía enumerados en el capítulo uno. Tarde 1. Divide las tareas principales en partes. 2. Establece un marco de tiempo para completar cada parte de las tareas desglosadas. 3. Acaba con todo lo que pueda presentarse como una especie de vía de escape de la tarea en cuestión. Noche 1. Habla contigo y abordar cualquier forma de miedo al fracaso que persista en tu mente. 2. Reafirma algunas de las citas enumeradas en el capítulo tres de este libro.	Mañana 1. Escucha un podcast motivador. 2. Combina de manera creativa cualquiera de los alimentos que estimulan la energía enumerados en el capítulo uno. Tarde 1. Navega por Internet y estudia la vida de una persona de éxito que admiras. Noche 1. Haz una lista de los cambios más importantes en tu vida desde el comienzo del plan de 30 días. 2. Recompensarte.

Día 21	Día 22
Mañana 1. Combina de manera creativa cualquiera de los alimentos que estimulan la energía enumerados en el capítulo uno. 2. Inicia una tarea importante. Tarde 1. No hay tiempo de pantalla hasta las 3 PM. 2. Continúa con la tarea principal desde la mañana. Noche 1. Ve y recompénsate.	Mañana 1. Escucha un podcast motivador. 2. Medita Tarde 1. Toma una breve siesta de poder. 2. Coma frutas para el cerebro como los arándanos. 3. Dedica una hora a completar una tarea importante. Noche 1. Haz una breve evaluación de tus principales objetivos de vida y ve hasta dónde has llegado para alcanzarlos.
Día 23	Día 24
Mañana 1. Haz que la mente funcione participando en algunos juegos mentales. Tarde 1. Trata de encontrar maneras y razones para amar tu trabajo aún más. 2. Divide las tareas principales en partes.	Mañana 1. Escucha un podcast motivador. 2. Haz ejercicio durante 10 minutos. Tarde 1. Toma una breve

3. Establece un marco de tiempo para completar cada parte de las tareas desglosadas. 4. Acaba con todo lo que pueda presentarse como una especie de vía de escape de la tarea en cuestión.	siesta de poder. 2. Coma frutas para el cerebro como los arándanos. 3. Dedica una hora a completar una tarea importante. Noche 1. Sal por una noche con un colega o amigo.

Día 25	Día 26
Mañana 1. No hay tiempo de pantalla hasta las 9 de la mañana. 2. Empieza una tarea importante. Tarde 1. Estudia la tarea en cuestión y trate de identificar los beneficios que se te ofrecen si eres capaz de completar la tarea específica. 2. Toma una breve siesta energética. 3. Lee un libro y refresca la mente. Noche 1. Repasa el capítulo seis de este libro y recuerde su contenido. 2. Completa una tarea importante.	Mañana 1. Combina de manera creativa cualquiera de los alimentos que estimulan la energía enumerados en el capítulo uno. Tarde 1. Estudia la tarea en cuestión y trate de identificar los beneficios que se te ofrecen si eres capaz de completar la tarea específica. 2. Toma una breve siesta energética. 3. Lee un libro y refresca la mente. Noche 1. Haz una breve evaluación de tus principales objetivos de vida y ve hasta dónde has llegado para alcanzarlos.

Día 27	Día 28
Mañana 1. Combina de manera creativa cualquiera de los alimentos que estimulan la energía enumerados en el capítulo uno. 2. Evalúa tu plan a largo plazo y descubrir lo que no está produciendo resultados. 3. Piensa en nuevas ideas y planifica para crear una mejor solución. Tarde 1. No hay tiempo frente a una pantalla hasta que complete una tarea importante. 2. Haz una breve siesta energética. 3. Ve a dar un paseo y refresca tu mente. 4. Realiza el ejercicio cuatro y los ejercicios de enfoque enumerados en el capítulo cinco. Noche 1. Recompénsate por el día. 2. Evalúate y descubre el éxito que has tenido a lo largo de la semana.	Mañana 1. Medita durante 10 minutos. 4. Repasa el capítulo ocho de este libro y recuerda su contenido. Tarde 1. Estudia la tarea en cuestión y trate de identificar los beneficios que se te ofrecen si eres capaz de completar la tarea específica. 2. Toma una breve siesta energética. 3. Lee un libro y refresca la mente. Noche 1. Haz una breve evaluación de tus principales objetivos de vida y ve hasta dónde has llegado para alcanzarlos.
Día 29	Día 30
Mañana 1. Combina de manera creativa cualquiera de los alimentos que estimulan la energía enumerados en el capítulo uno. Tarde	Mañana 1. Haz que la mente funcione participando en algunos juegos mentales. 2. Combina de manera creativa cualquiera de

1. Repasa el capítulo tres de este libro y recuerde su contenido. 2. Completa una tarea importante antes de tener tiempo de pantalla. Noche 1. Llama a tu mentor y pídele consejo sobre algunos puntos específicos de preocupación. 2. Haz planes sobre cómo poner en práctica los consejos dados.	los alimentos que estimulan la energía enumerados en el capítulo uno. Tarde 1. Estudia la tarea en cuestión y trata de identificar los beneficios que se te ofrecen si eres capaz de completar la tarea específica. 2. Toma una breve siesta energética. 3. Lee un libro y refresca la mente. Noche 1. Haz una breve evaluación de tus principales metas en la vida y ve lo lejos que has llegado con el logro de ellas. 2. Haz evaluaciones y vea cuánto has avanzado en el plan de 30 días.

CONCLUSIÓN

Definitivamente ha sido un viaje, y creo que tú te has sentido motivado para superar la procrastinación y aumentar tu productividad. Pero recuerda, no termina ahí. Tienes que poner tu esfuerzo para lograr el éxito finalmente. Una cosa es leer un libro excelente y estar motivado, y otra cosa es poner en práctica todo lo que se ha enseñado. Es la acción la que diferencia a un ganador de un perdedor. Entonces, ¿Cuál será para ti? ¿Terminarás este libro y olvidarás todo lo que se te enseñó? Espero que no, porque eso sería un desastre. Comienza a aplicar todas las tácticas y técnicas que se han enumerado y ve cómo tu vida cambia para mejor.

He simplificado las instrucciones contenidas en este libro para ti, en forma de un plan de 30 días. Sigue las instrucciones dadas día tras día, y síguelas de manera consistente y religiosa. Recuerda que el cambio es un proceso gradual. Puede que no notes el cambio el primer día, pero con el tiempo verás que ya no eres la misma persona. Las investigaciones han demostrado que cualquier acción que se lleve a cabo durante más de 21 días se convierte finalmente en un hábito. Por lo tanto, para crear el hábito de la productividad, tienes que seguir los pasos que te he dado. Al final de los 30 días, notarás un gran cambio en tu vida y tendrás un testimonio para compartir con tus amigos.

Te deseo éxito y más productividad en tu vida mientras tomas acción hoy. Recuerda, tu mente está bajo tu control.

www.ingramcontent.com/pod-product-compliance
Lightning Source LLC
Chambersburg PA
CBHW031105080526
44587CB00011B/833